Beten
im islam

Inhaltsverzeichnis

Gebet im Islam (Salah)

- Salah ist die zweite Säule des Islam.
- Es ist die erste Priorität nach dem Glauben an die Einheit Allahs und das Prophetentum Mohammeds (Friede sei mit ihm - صلى الله عليه وسلم).
- Es ist eine wichtige Säule, da Muslime aufgerufen sind, diese Anbetung unter allen Umständen ohne Unterbrechung durchzuführen. Hinterlässt ihr eine Untreue.

Jabir berichtete: Der Prophet, Friede und Segen seien auf ihm, sagte: "Wahrlich, zwischen einem Menschen und Götzendienst und Unglauben ist das Aufgeben des Gebets."

Quelle: Ṣaḥīḥ Muslim 82

عَنْ جَابِرٍ أَنَّ النَّبِيَّ صَلَّى اللهُ عَلَيْهِ وَسَلَّمَ قَالَ إِنَّ بَيْنَ الرَّجُلِ وَبَيْنَ الشِّرْكِ وَالْكُفْرِ تَرْكَ الصَّلَاةِ

- Der vorherige Hadith sagt uns, dass jeder, der den Islam annimmt, als hätte er einen Bund mit ihm unterzeichnet, regelmäßig und bewusst zu beten, also wer auch immer das Gebet aufgibt, diesen Bund und dieses Versprechen verletzt und den Weg des Unglaubens gegangen ist.

Täglich 5 Pflichtgebete:

Name Von Salah	Zeit der Salah	Rak'ahs
AL-FAJR	Nach Sonnenaufgang bis vor Sonnenaufgang	2
AL-DHUR	Mittag: Nachdem sich die Sonne von ihrem Zenit zurückgezogen hat, bis vor dem Nachmittag	4
AL-ASR	Auf halbem Weg zwischen Mittag und Sonnenuntergang	4
AL-MAGHREB	Direkt nach Sonnenuntergang vor Einbruch der Dunkelheit	3
AL-ISHA	Nach Einbruch der Dunkelheit bis vor Sonnenaufgang und vorzugsweise vor Mitternacht	4

- **Für Männer werden** al-Fajr, al-Maghrib und a-Isha Salah laut durchgeführt. (die ersten beiden Rak'ahs).

- **Für Frauen werden** alle 5 Gebete still verrichtet (muss in ihrem Herzen und ihrem Verstand gelesen werden).

<u>**Bedingungen vor Beginn des Betens:**</u>

Bevor Sie mit dem Gebet beginnen, müssen Sie sicherstellen, dass die folgenden Bedingungen erfüllt sind.

- **Bereiten Sie Wudu vor**: Seien Sie in Reinheit (siehe die Seite zur Durchführung der Gebetswaschung).

- **Die Zeit stimmt**: Jedes Gebet hat seine Zeit zu verrichten (siehe vorherige Seite).

- **Stellen Sie sich der Qibla**: Wenden Sie sich Mekka zu, um zu beten

- **Richtig gekleidet sein**: Die Kleidung sollte locker und blickdicht sein.

- **Finden Sie einen sauberen Bereich**: Stellen Sie sicher, dass der Ort der Anbetung sauber und frei von Verunreinigungen ist.

Al-Fajr Salah

Nach Sonnenaufgang bis vor
Sonnenaufgang

Nachdem Sie Wudu ausgeführt haben, wenden Sie sich der Qibla zu und stellen Sie sich aufrecht hin, sodass zwischen Ihren Füßen mindestens vier Finger Platz sind.
Halte deine Augen am Ort der Niederwerfung.
Du brauchst es nicht laut auszusprechen. Aber Sie sollten die Art und Anzahl der Rakats des Gebets kennen, das Sie darbringen werden.
Ein Beispiel wäre zu denken wie:
"Ich habe mich vor Allah gestellt, um 2 Rakats beim Fard of Fajr-Gebet für Allah darzubringen, mit Blick auf die Kaaba".

(Stehposition)

Sagen Sie im Stehen **Iqamah Salah**:

الله أكبر الله أكبر

Allahou Akbar Allahou Akbar

اشهد ان لا اله الا الله

Ashehadou anna la illaha ila Allah

اشهد ان محمد رسول الله

Ashehadou anna Mohammed Rasulu Allah

حي على الصلاة حي على الفلاح

Hayah 'ala As-Salat Hayah 'ala Al-Falah

قد قامت الصلاة الله أكبر الله أكبر

Qad qamati As-Salat, Allah akbar Allah Akbar

لا اله الا الله

La illaha ila Allah

Iqamah of Prayer in English:

الله أكبر الله أكبر

« Allah ist der Größte, Allah ist der Größte »

اشهد ان لا اله الا الله

« Ich bezeuge, dass es niemanden gibt, der der Anbetung würdig ist, außer Allah »

اشهد ان محمد رسول الله

« Ich bezeuge, dass Muhammad der Gesandte Allahs ist »

حي على الصلاة حي على الفلاح

« Komm zum Gebet, komm zum Erfolg »

قد قامت الصلاة الله أكبر الله أكبر

« Salat ist fertig, Allah ist der Größte,
Allah ist der Größte»

لا اله الا الله

« Es gibt niemanden, der der Anbetung würdig ist, außer Allah »

Heben Sie Ihre Handflächen in Richtung Kaaba, bis Ihre Daumen die Ohrläppchen unten berühren, und lassen Sie den Rest der Finger in ihrem normalen Zustand. Verbinden Sie sie nicht oder spreizen Sie sie nicht auseinander.

Sagen: **Allaahu Akbar** الله أكبر
« Allah ist der Größte »

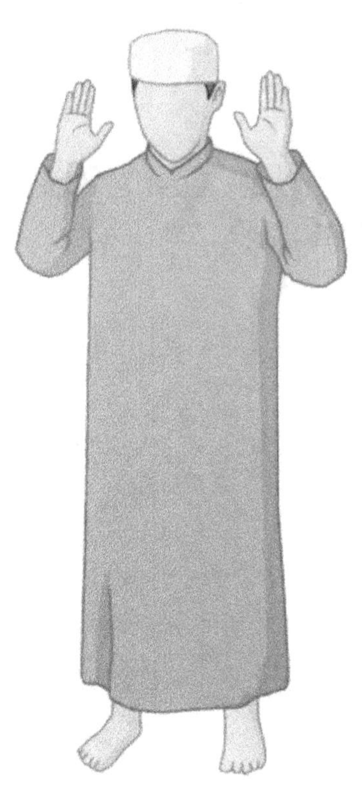

Binden Sie Ihre Hände unterhalb des Nabels so zusammen, dass der Daumen und der kleine Finger der rechten Hand einen Kreis bilden, in dem sie das Handgelenk der linken Hand halten, sodass die Handfläche der rechten Hand auf der Rückseite der linken Hand bleibt.

Rezitieren Sie danach das Eröffnungskapitel des Korans, **Al-Fatiha Sure** mit lauter Stimme.

(Diese Sure wird bei jeder Rak'ah jedes Gebets rezitiert)

Al-Fatiha sure :

بسم الله الرحمن الرحيم

Bismi Allahi ar-rahmani ar-raheem

الحمد لله رب العالمين

al-hamdu lillaahi rabbil'aalameen

الرحمن الرحيم

Ar-rahmaani ar-raheem

مالك يوم الدين

maaliki yawmideen

إياك نعبد وإياك نستعين

iyyaaka na'budo wa iyyaaka nasta'een

اهدنا الصراط المستقيم

Ihdina siraata almustaqeem

صراط الذين أنعمت عليهم غير المغضوب عليهم ولا الضالين. امين

Siraata aladheena an'amta alayhim ghayri almaghduobi 'alayhim waladduaaalleen. Amen

Dann rezitiere ein weiteres Kapitel aus dem Koran. Überprüfen Sie das Ende dieses Buches, es gibt einige Suren aus dem Koran, oder besuchen Sie unsere Autorenseite auf Amazon "**MOSLEM MOHDIN**", es gibt so viele Bücher über Suren des Heiligen Korans.

Zum Beispiel, **Al-Ikhlas sure** سورة الإخلاص :

Al-Ikhlas sure :

بسم الله الرحمن الرحيم

Bismi Allahi ar-rahmani araheem

قل هو الله أحد

Qul huwa Allahu ahad

الله الصمد

Alluhu As-samad

لم يلد ولم يولد

Lam yalid wa lam yulad

ولم يكن له كفوا أحد

Wa lam yakun lahu kufuwan ahad

Beuge dich (Sich bücken), dies ist als "Ruku".
Während Sie sich beugen, ohne Arme und Hände zu
heben, sagen Sie : **Allaahu Akbar** الله أكبر
Umfassen Sie die Knie mit den Händen und spreizen Sie
Ihre Finger über die Knie. Beugen Sie Ihren Körper so,
dass Ihr Rücken gerade und nicht gewölbt ist (Rücken
und Kopf sollten in einem 90-Grad-Winkel zu Ihren
Beinen stehen) und behalten Sie Ihre Füße im Blick.
Verstauen Sie Ihre Arme nicht mit Ihrem Körper.

Wenn Sie sich in dieser Position befinden, werden Sie
diesen Satz dreimal oder öfter sagen :
« **Subhanna Rabbeyal Azzem** » سبحان ربي العظيم
Das heisst : 'Wie vollkommen ist mein Herr, der
Prächtige.'

Gehen Sie wieder zum Aufstehen zurück. Jetzt sollten Sie in der stehenden Position sein. Sagen Sie, nachdem Sie gerade gestanden haben :

« **Samey Allahu leman hamedah,**
Rabbana walaka alhamdou »

سمع الله لمن حمده ربنا ولك الحمد

Bedeutung :
'Allah hört auf den, der ihn lobt'
'Unser Herr, und Dir gebührt das Lob'

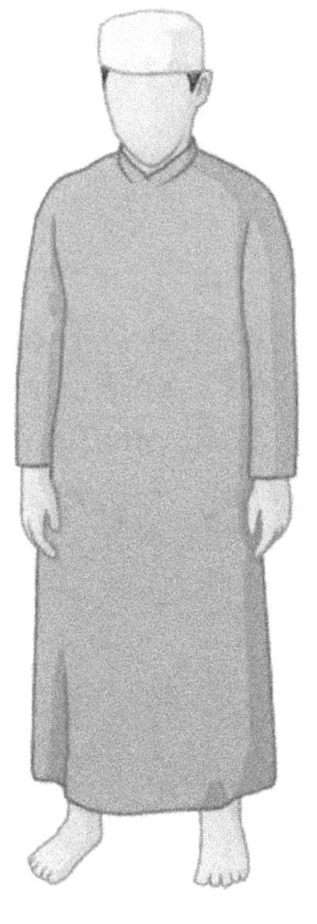

Gehen Sie nach unten, um sich niederzuwerfen.
Dies ist als „Sujud" bekannt. Sagen Sie, wie Sie sich in diese Position bewegen **Allahu Akbar**.
Wenn Sie sich in dieser Position befinden, werden Sie diesen Satz dreimal oder öfter sagen :
« **Subhana Rabbi al A'la** » سبحان ربي الأعلى

Bedeutung :
'Ehre sei meinem Herrn, dem Höchsten'

Wichtig :
- Nase und Stirn berühren den Boden.
- Handflächen auf dem Boden mit den Fingern zusammen.
- Knie auf dem Boden.
- Beide Füße bleiben zusammen.
- Die Zehen zeigen zur Qibla.

Erhebe dich von Sujud, indem du Allahu Akbar sagst, und sitze für einen Moment.

Setzen Sie sich in dieser Position auf den linken Oberschenkel, mit dem linken Fuß auf dem Boden und dem rechten Fuß aufrecht. Die Zehen des rechten Fußes sollten der Qibla zugewandt sein und die Hände sollten neben den Knien liegen. Dann sagen Sie 2 mal :

« **Rabi ighfer li** » ربي اغفر لي

Bedeutung : 'O mein Herr, vergib mir'

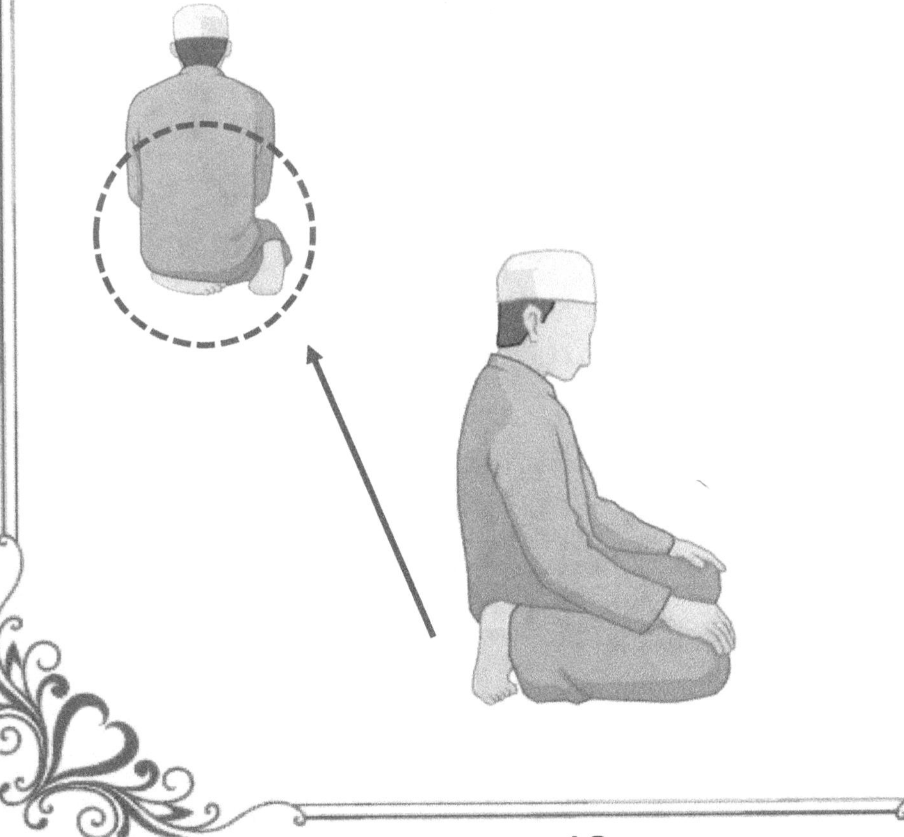

Als nächstes gehst du ein zweites Mal in die Niederwerfungsposition (Sujud). Wenn Sie in diese Position gehen, sagen Sie : **Allahu Akbar**, dann sagen Sie dreimal oder öfter :
« **Subhana Rabbi al A'la** » سبحان ربي الأعلى

(Ehre sei meinem Herrn, dem Höchsten)

Anmerkung: „ Dies ist der letzte Schritt bei der Durchführung der ersten Rak'ah, und die zweite wird genau wie die erste ausgeführt.“

Stehen Sie aus der niedergestreckten Position auf. Sagen Sie auf dem Weg nach oben: Allahu Akbar, dann rezitieren Sie die **Sure Al-Fatiha laut**:

Bismi Allahi ar-rahmani ar-raheem

al-hamdu lillaahi rabbil'aalameen

Ar-rahmaani ar-raheem

maaliki yawmideen

iyyaaka na'budo wa iyyaaka nasta'een

Ihdina ssiraata almustaqeem

Siraata aladheena an'amta alayhim ghayri almaghduobi 'alayhim waladduaaalleen. Amen

Rezitiere danach laut eine andere Sure oder
irgendeinen anderen Teil des Korans, zum Beispiel die
Sure Al-Kawthar:

بسم الله الرحمن الرحيم

Bismi Allahi ar-rahmani araheem

إنا أعطيناك الكوثر

Inna a'taynaka alkawthara

فصل لربك وانحر

Fasalli lirabbika wainhar

إن شانئك هو الأبتر

Inna shani-aka huwa al-abtaru

Runter. Wenn Sie sich nach unten beugen, sagen Sie
Allahu Akbar

Sagen Sie in dieser Position :
« **Subhanna Rabbeyal Azzem** »

سبحان ربي العظيم

(3 Mal oder mehr)

Richten Sie sich auf (stehen Sie vom Ruku' auf), während Sie dies sagen : « **Samey Allahu leman hamedah, Rabbana walaka alhamdou** »

سمع الله لمن حمده ربنا ولك الحمد

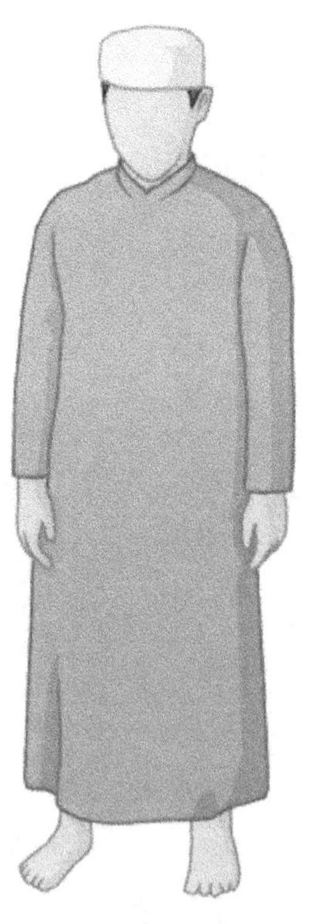

Sich verbeugen. Während Sie sich niederwerfen, sagen wir **Allahu Akbar**.
Sobald Sie vollständig ausgestreckt sind, sagen wir :
« **Subhana Rabbi al A'la** »

سبحان ربي الأعلى

(3 Mal oder mehr)

Heben Sie sich aus der "Sujud" position, während Sie
Allahu Akbar sagen. Setzen Sie sich gerade hin und
sagen Sie zweimal :
« **Rabi ighfer li** »

ربي اغفر لي

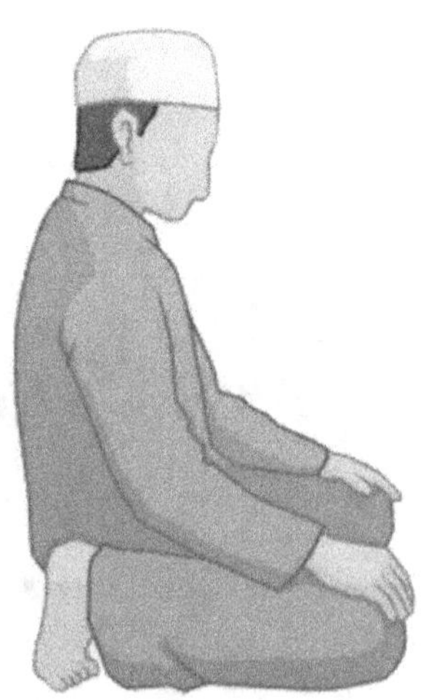

Sag **Allahu Akbar** und verbeuge dich wieder in der
Sujud-Position. Rezitiere dreimal :
« **Subhana Rabbi al A'la** »

سبحان ربي الأعلى

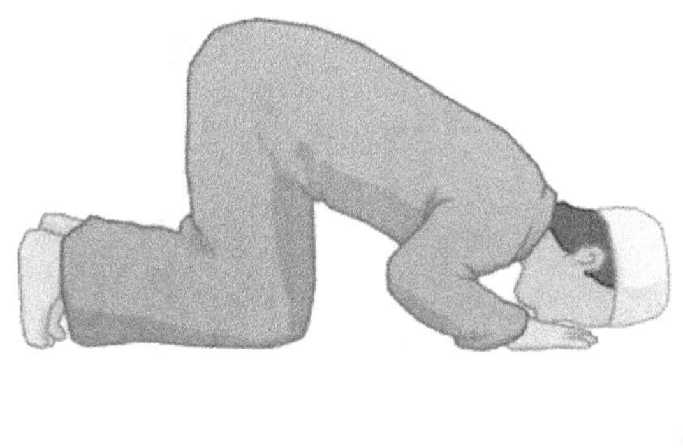

Stehen Sie vom Sujud auf und sagen Sie Allahu Akbar und setzen Sie sich hin, um den Tashahud zu rezitieren: den ersten und den zweiten :

At-tahiyyatoulillah, wa as-salawatou wa tayyibat, assalamou 'alayka ayyouha nabiyyou wa rahmatoullahi wa baRak'ahouh, assalamou 'alayna wa 'ala 'ibadillahi assalihin, ashhadou an la ilaha illallah wa ashhadou anna mouhammadan 'abdouhou wa rasoulouh.

Allahoumma salli 'ala mouhammedin wa 'ala ali mouhammed, kama sallayta 'ala ibrahima wa 'ala ali ibrahim, innaka hamidoun majid. Allahoumma barik 'ala mouhammedin wa 'ala ali mouhammed, kama barakta 'ala ibrahima wa 'ala ali ibrahim, innaka hamidoun majid

Der erste Taschahud :

At-tahiyyatoulillah, wa as-salawatou wa tayyibat, assalamou 'alayka ayyouha nabiyyou wa rahmatoullahi wa baRak'ahouh, assalamou 'alayna wa 'ala 'ibadillahi assalihin, ashhadou an la ilaha illallah wa ashhadou anna mouhammadan 'abdouhou wa rasoulouh.

التحيات لله، والصلوات، والطيبات، السلام عليك أيها النبي ورحمة الله وبركاته، السلام علينا وعلى عباد الله الصالحين، أشهد أن لا إله إلا الله، وأشهد أن محمداً عبده ورسوله

Bedeutung :

« Alle Komplimente, Gebete und reinen Worte gebührt Allah. Friede sei mit dir, o Prophet, und die Barmherzigkeit Allahs und Sein Segen. Friede sei mit uns und den rechtschaffenen Dienern Allahs. Ich bezeuge, dass niemand außer Allah das Recht hat, angebetet zu werden, und ich bezeuge, dass Muhammad Sein Diener und Gesandter ist ».

Der zweite Taschahud : (Das Ibrahimiya-Gebet)

Allahoumma salli 'ala mouhammedin wa 'ala ali
mouhammed, kama sallayta 'ala ibrahima wa 'ala ali
ibrahim, innaka hamidoun majid. Allahoumma barik 'ala
mouhammedin wa 'ala ali mouhammed, kama barakta
'ala ibrahima wa 'ala ali ibrahim, innaka hamidoun
majid

اللهم صل على محمد، وعلى آل محمد كما صليت على إبراهيم
وعلى آل إبراهيم، إنك حميد مجيد، اللهم بارك على محمد، وعلى
آل محمد كما باركت على إبراهيم، وعلى آل إبراهيم، إنك حميد
مجيد

Bedeutung :

« O Allah, sende Gebete zu Muhammad und zur Familie
(oder Anhängern) von Muhammad, So wie Du Gebete zu
Ibrahim und der Familie (oder Anhängern) von Ibrahim
sandtest, Wahrlich, Du bist voller Lob und Majestät.
O Allah, segne Muhammad und die Familie
(oder Anhänger) von Muhammad, wie Du Ibrahim und
die Familie (oder Anhänger) von Ibraahim gesegnet
hast. Wahrlich, Du bist voller Lob und Majestät. »

Nachdem Sie den Tashahud vollständig rezitiert haben, besteht der letzte Schritt (Der Tasleem) zur Vervollständigung des Al-Fajr-Gebets darin, den Kopf nach rechts (1) und dann nach links (2) zu drehen.
Sprich auf jeder Seite:
'Assalamu alaykum wa rahmatu Allah WabaRak'ahuh'

السلام عليكم ورحمة الله وبركاته

«Möge Allahs Frieden und Barmherzigkeit auf euch sein»

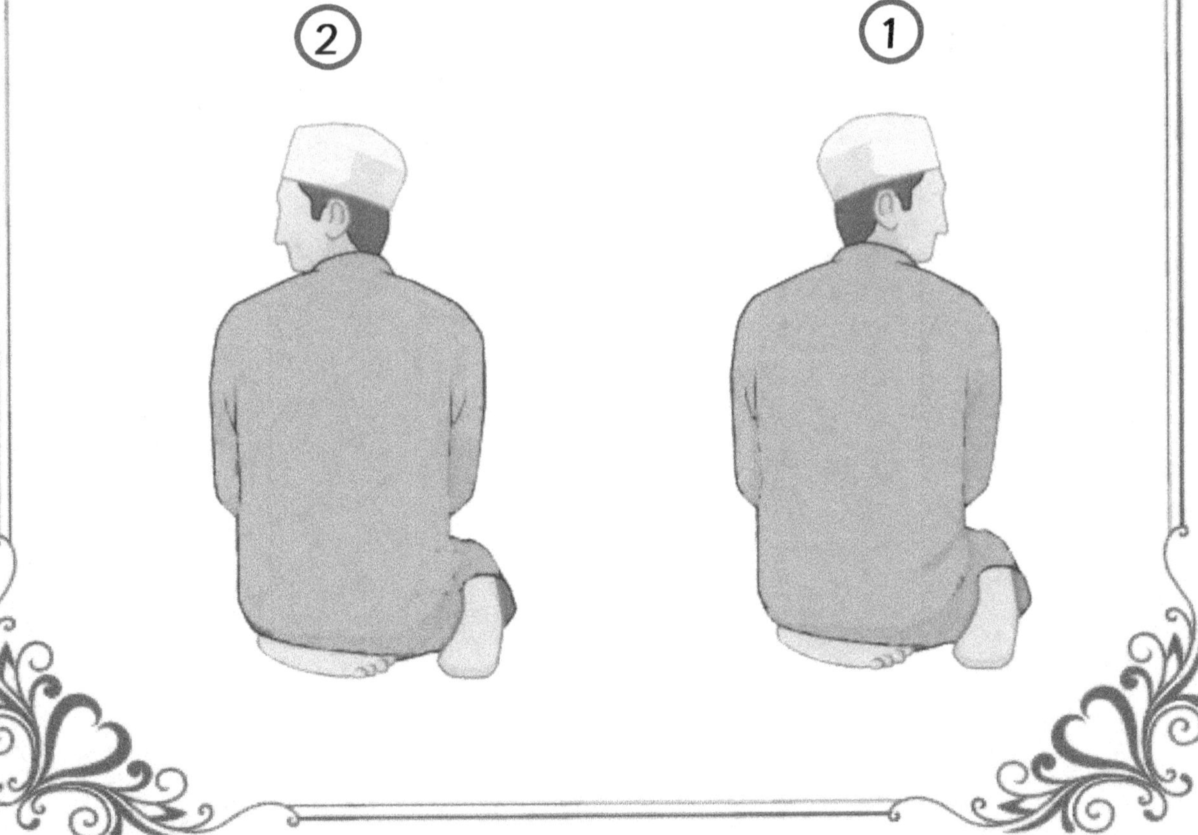

<u>Zusammenfassung</u> : Die Schritte zur Durchführung von al-Fajr Salah

Rak'ah 1

- Takbirat Al-Ihram
- Al-Fatiha und Sure
- Ruku'
- Sujud

Rak'ah 2

- Takbirat
- Al-Fatiha und Sure
- Ruku'
- Sujud
- Der Taschahud (beide)
- Der Tasleem

Dhuhr Salah

Mittag: Nachdem sich die Sonne von ihrem Zenit zurückgezogen hat, bis vor dem Nachmittag

Nachdem Sie Wudu ausgeführt haben, wenden Sie sich der Qibla zu und stellen Sie sich aufrecht hin, sodass zwischen Ihren Füßen mindestens vier Finger Platz sind. Halte deine Augen am Ort der Niederwerfung.

(Stehposition)

Sagen Sie im Stehen **Iqamah Salah** :

الله أكبر الله أكبر

Allahou Akbar Allahou Akbar

اشهد ان لا اله الا الله

Ashehadou anna la illaha ila Allah

اشهد ان محمد رسول الله

Ashehadou anna Mohammed Rasulu Allah

حي على الصلاة حي على الفلاح

Hayah 'ala As-Salat Hayah 'ala Al-Falah

قد قامت الصلاة الله أكبر الله أكبر

Qad qamati As-Salat, Allah akbar Allah Akbar

لا اله الا الله

La illaha ila Allah

Schritt 1

Heben Sie Ihre Handflächen in Richtung Kaaba, bis Ihre Daumen die Ohrläppchen unten berühren, und lassen Sie den Rest der Finger in ihrem normalen Zustand. Verbinden Sie sie nicht oder spreizen Sie sie nicht auseinander.

Sagen : **Allaahu Akbar** الله أكبر
« Allah ist der Größte »

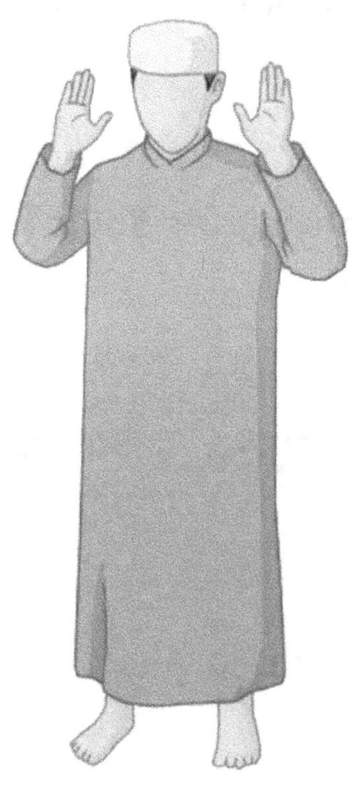

Schritt 2

Binden Sie Ihre Hände unterhalb des Nabels so zusammen, dass der Daumen und der kleine Finger der rechten Hand einen Kreis bilden, in dem sie das Handgelenk der linken Hand halten, sodass die Handfläche der rechten Hand auf der Rückseite der linken Hand bleibt.

Rezitieren Sie danach **leise** das Eröffnungskapitel des Koran; **Al-Fatiha-Sure**

Al-Fatiha sure :

بسم الله الرحمن الرحيم

Bismi Allahi ar-rahmani ar-raheem

الحمد لله رب العالمين

al-hamdu lillaahi rabbil'aalameen

الرحمن الرحيم

Ar-rahmaani ar-raheem

مالك يوم الدين

maaliki yawmideen

إياك نعبد وإياك نستعين

iyyaaka na'budo wa iyyaaka nasta'een

اهدنا الصراط المستقيم

Ihdina siraata almustaqeem

صراط الذين أنعمت عليهم غير المغضوب عليهم ولا الضالين. امين

Siraata aladheena an'amta alayhim ghayri
almaghduobi 'alayhim waladduaaaalleen. Amen

Schritt 3

Rezitiere dann still ein weiteres Kapitel aus dem Koran.
Zum Beispiel **Sure An-Nas** سورة الناس:

An-Nas sure :

بسم الله الرحمن الرحيم

Bismi Allahi ar-rahmani araheem

قل أعوذ برب الناس

Qul a'oothu birabbi annasi

ملك الناس

Maliki annasi

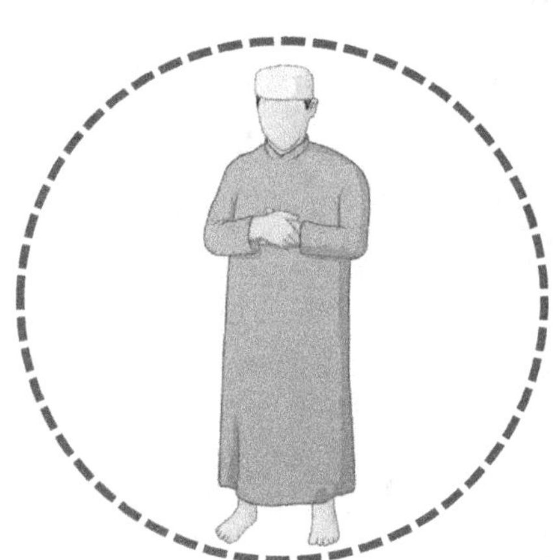

إله الناس

Ilahi annasi

من شر الوسواس الخناس

Min sharri alwaswasi alkhannasi

الذي يوسوس في صدور الناس

Allathee yuwaswisu fee sudoori annasi

من الجنة والناس

Mina aljinnati waannasi

Schritt 4

Beuge dich, dies ist als „Ruku" bekannt. Während Sie sich beugen, ohne Arme und Hände zu heben, sagen Sie : **Allaahu Akbar** الله أكبر

Wenn Sie sich in dieser Position befinden, werden Sie diesen Satz dreimal oder öfter sagen :
« **Subhanna Rabbeyal Azzem** » سبحان ربي العظيم

Dies bedeutet : "Wie vollkommen ist mein Herr, der Prächtige".

Schritt 5

Gehen Sie wieder zum Aufstehen zurück. Jetzt sollten Sie in der stehenden Position sein. Sagen Sie, nachdem Sie gerade gestanden haben :

« **Samey Allahu leman hamedah,
Rabbana walaka alhamdou** »

سمع الله لمن حمده ربنا ولك الحمد

Bedeutung :
' Allah hört auf den, der ihn lobt. '
' Unser Herr, und Dir gebührt das Lob. '

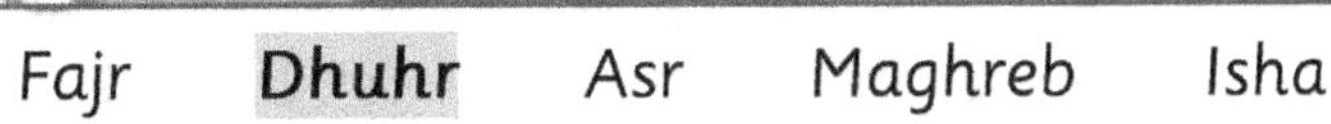

Schritt 6

Gehen Sie nach unten, um sich niederzuwerfen.
Dies ist als „Sujud" bekannt. Wenn Sie sich in diese
Position bewegen, sagen Sie **Allahu Akbar**.
Wenn Sie sich in dieser Position befinden, werden Sie
diesen Satz dreimal oder öfter sagen :
« **Subhana Rabbi al A'la** » سبحان ربي الأعلى

Bedeutung :
' Ehre sei meinem Herrn, dem Höchsten. '

Schritt 7

Erhebe dich von Sujud, indem du **Allahu Akbar** sagst, und sitze für einen Moment. Sag 2 mal :
« **Rabi ighfer li** » ربي اغفر لي

Bedeutung : ' O mein Herr, vergib mir. '

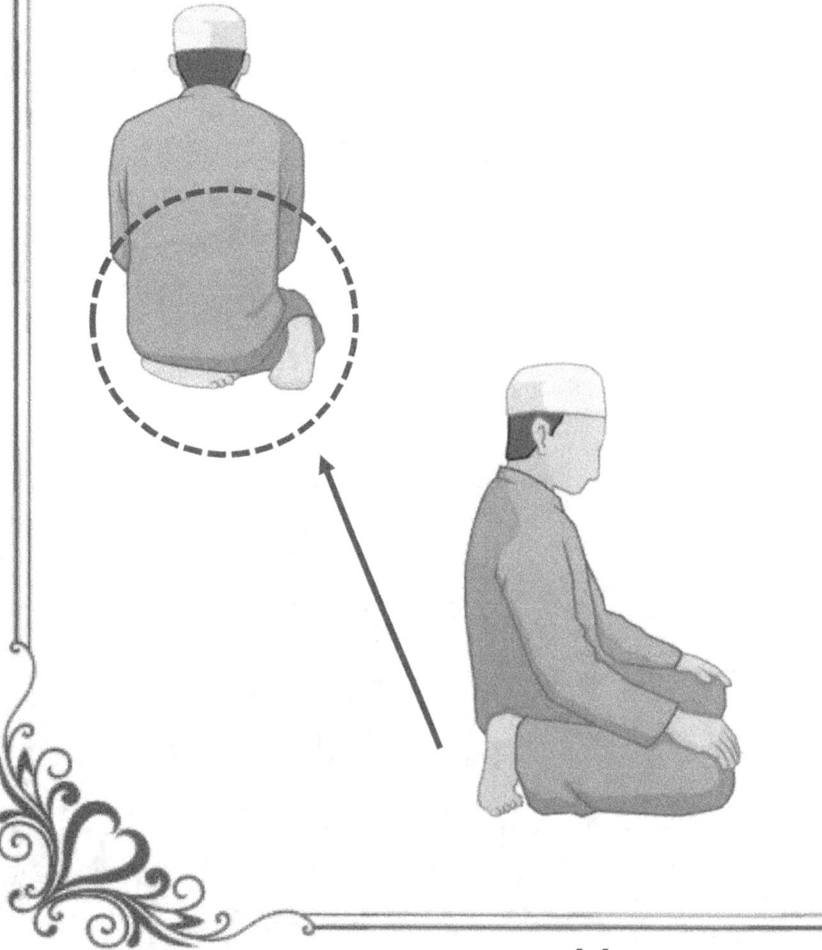

Schritt 8

Als nächstes gehst du ein zweites Mal in die Niederwerfungsposition (Sujud). Wenn Sie in diese Position gehen, sagen Sie: **Allahu Akbar**, dann sagen Sie dreimal oder öfter :
« **Subhana Rabbi al A'la** » سبحان ربي الأعلى

(Ehre sei meinem Herrn, dem Höchsten)

Anmerkung : "Dies ist der letzte Schritt bei der Durchführung der ersten Rak'ah, und die zweite wird genau wie die erste ausgeführt."

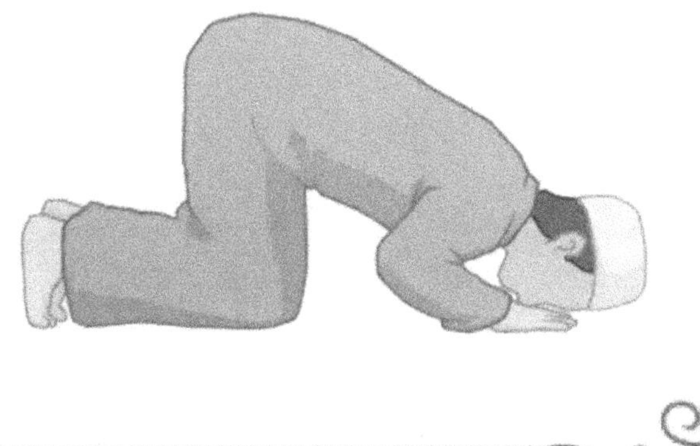

Schritt 9

Die zweite Rak'ah wird genauso ausgeführt wie die erste. Stehen Sie aus der niedergestreckten Position auf. Wenn Sie nach oben gehen, sagen Sie: Allahu Akbar, Sie müssen also **die letzten Schritte 2 bis 8 wiederholen.**

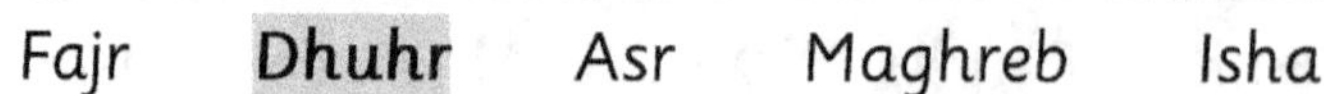

Schritt 10

Stehen Sie dann vom Sujud auf und sagen Sie **Allahu Akbar** und setze dich hin, um den ersten Tashahud zu rezitieren:

At-tahiyyatoulillah, wa as-salawatou wa tayyibat, assalamou 'alayka ayyouha nabiyyou wa rahmatoullahi wa baRak'ahouh, assalamou 'alayna wa 'ala 'ibadillahi assalihin, ashhadou an la ilaha illallah wa ashhadou anna mouhammadan 'abdouhou wa rasoulouh.

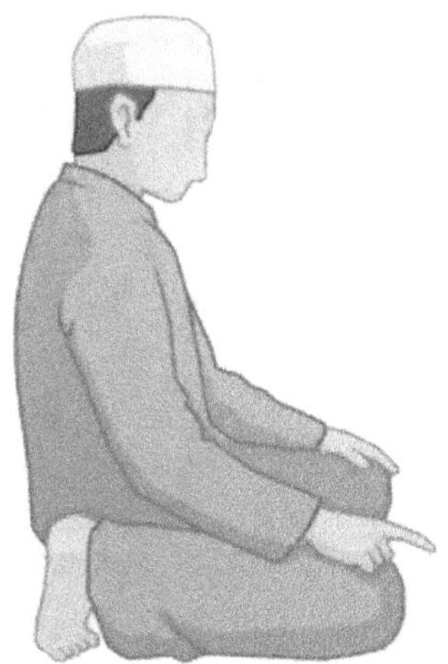

Schritt 11

Stehen Sie aus der niedergestreckten Position auf. Wenn Sie sich erheben, sagen Sie: Allahu Akbar, dann rezitieren Sie nur die **Al-Fatiha-Sure** still:

Bismi Allahi ar-rahmani ar-raheem

al-hamdu lillaahi rabbil'aalameen

Ar-rahmaani ar-raheem

maaliki yawmideen

iyyaaka na'budo wa iyyaaka nasta'een

Ihdina ssiraata almustaqeem

Siraata aladheena an'amta alayhim ghayri almaghduobi 'alayhim waladduaaalleen. Amen

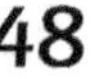

Schritt 12

Runter. Wenn Sie sich nach unten beugen, sagen Sie
Allahu Akbar

Sagen Sie in dieser Position :
« **Subhanna Rabbeyal Azzem** »

سبحان ربي العظيم

(3 Mal oder mehr)

Schritt 13

Gehen Sie wieder zum Aufstehen zurück. Nachdem Sie gerade stehen, sagen Sie :

**« Samey Allahu leman hamedah,
Rabbana walaka alhamdou »**

سمع الله لمن حمده ربنا ولك الحمد

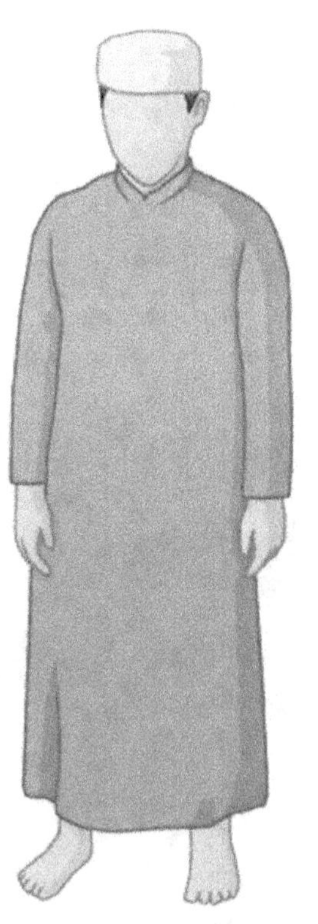

Schritt 14

Gehen Sie nach unten, um sich niederzuwerfen (sujud).
Wenn Sie sich in diese Position bewegen, sagen Sie
Allahu Akbar.
Wenn Sie in dieser Position sind, werden Sie sagen :
« **Subhana Rabbi al A'la** » سبحان ربي الأعلى

(3 Mal oder mehr)

Schritt 15

Erhebe dich von Sujud, indem du Allahu Akbar sagst, und sitze für einen Moment. Sag 2 mal :

« **Rabi ighfer li** » ربي اغفر لي

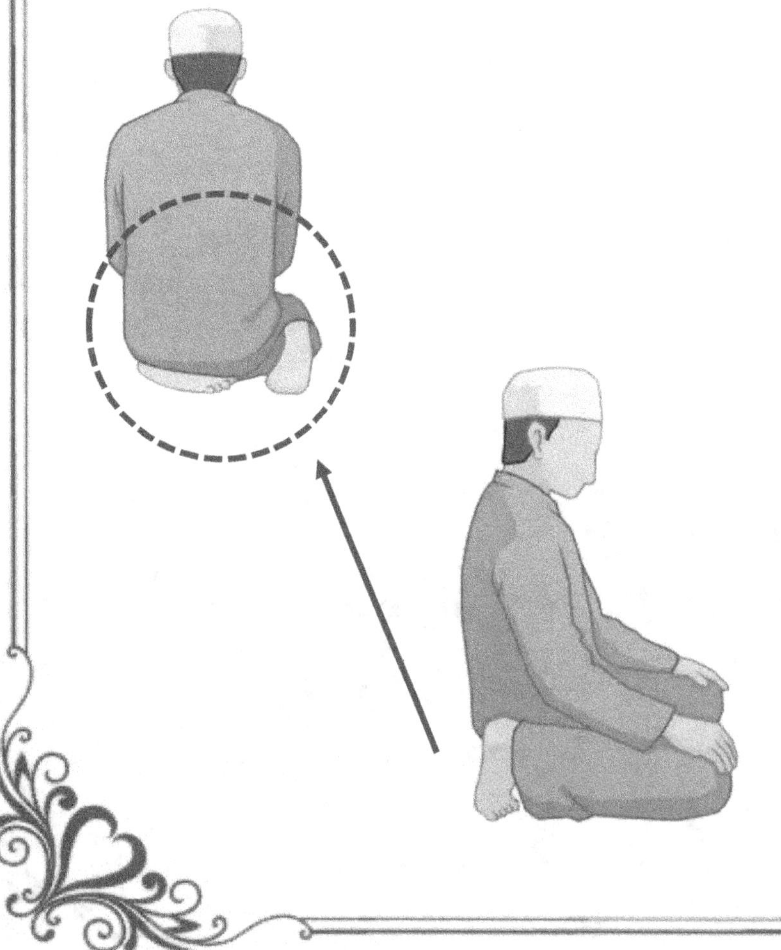

Schritt 16

Als nächstes gehst du ein zweites Mal in die Niederwerfungsposition (Sujud). Wenn Sie in diese Position gehen, sagen Sie: **Allahu Akbar**, dann sagen Sie dreimal oder öfter :

« **Subhana Rabbi al A'la** » سبحان ربي الأعلى

Anmerkung: " Dies ist der letzte Schritt der Durchführung der dritten Rak'ah, und die vierte wird genau wie die dritte ausgeführt."

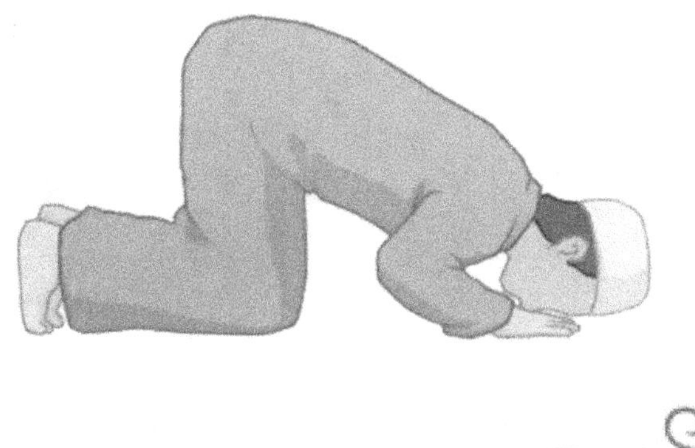

Schritt 17

Die vierte Rak'ah wird genau wie die dritte verrichtet. Stehen Sie aus der niedergestreckten Position auf. Wenn Sie nach oben gehen, sagen Sie: Allahu Akbar, also müssen Sie **die letzten Schritte 11 bis 16 wiederholen**.

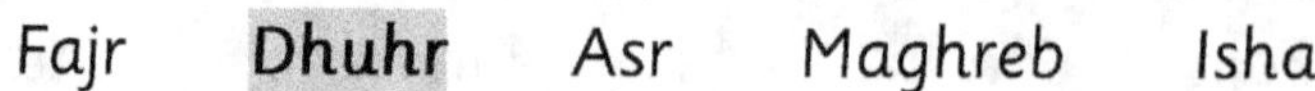

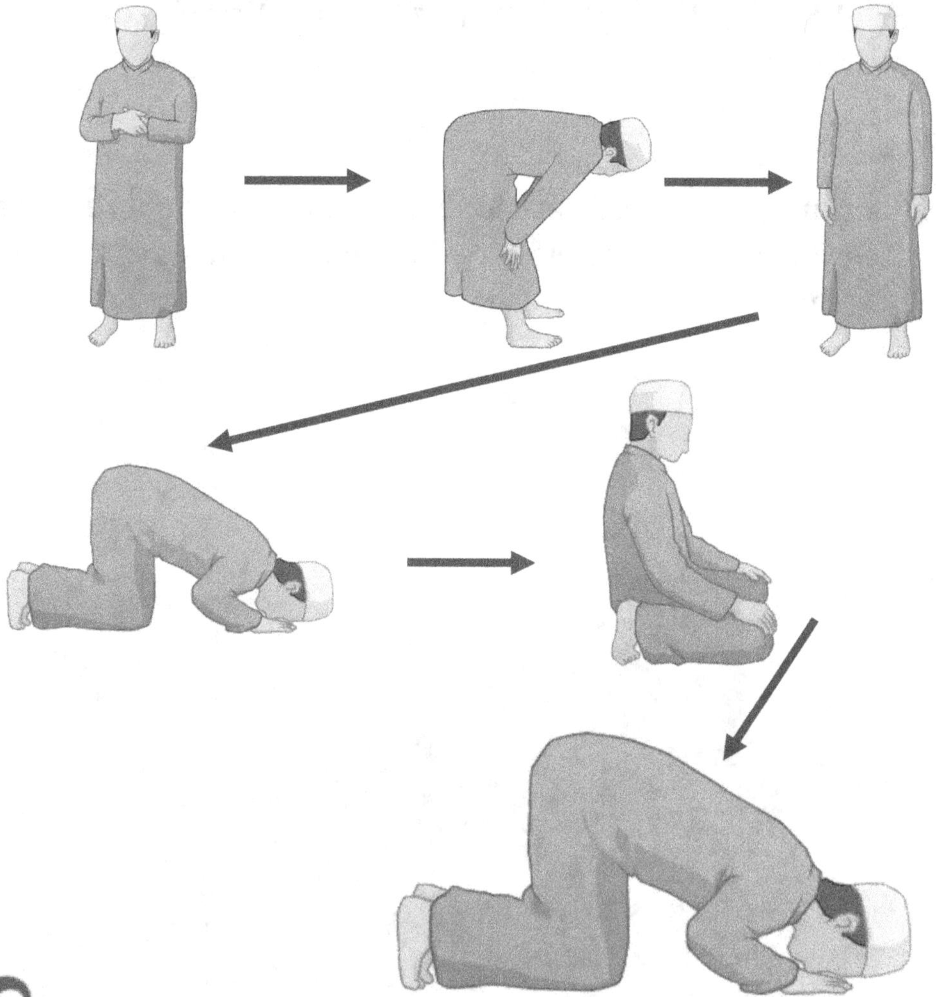

Schritt 18

Stehen Sie vom Sujud auf und sagen Sie Allahu Akbar und setze dich hin, um den **Tashahud vollständig zu rezitieren** :

« At-tahiyyatoulillah, wa as-salawatou wa tayyibat, assalamou 'alayka ayyouha nabiyyou wa rahmatoullahi wa baRak'ahouh, assalamou 'alayna wa 'ala 'ibadillahi assalihin, ashhadou an la ilaha illallah wa ashhadou anna mouhammadan 'abdouhou wa rasoulouh »

« Allahoumma salli 'ala mouhammedin wa 'ala ali mouhammed, kama sallayta 'ala ibrahima wa 'ala ali ibrahim, innaka hamidoun majid. Allahoumma barik 'ala mouhammedin wa 'ala ali mouhammed, kama barakta 'ala ibrahima wa 'ala ali ibrahim, innaka hamidoun majid ».

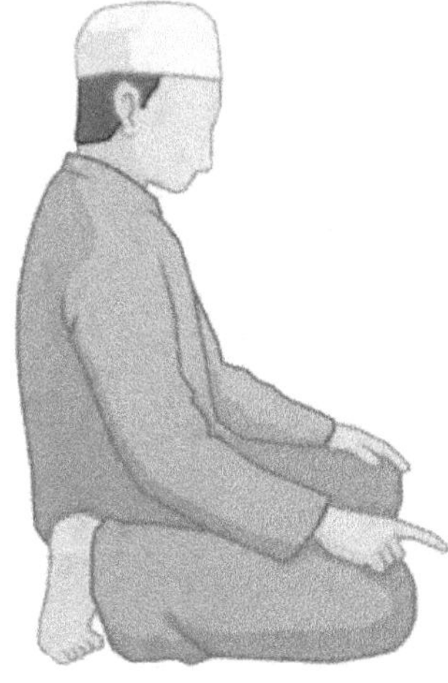

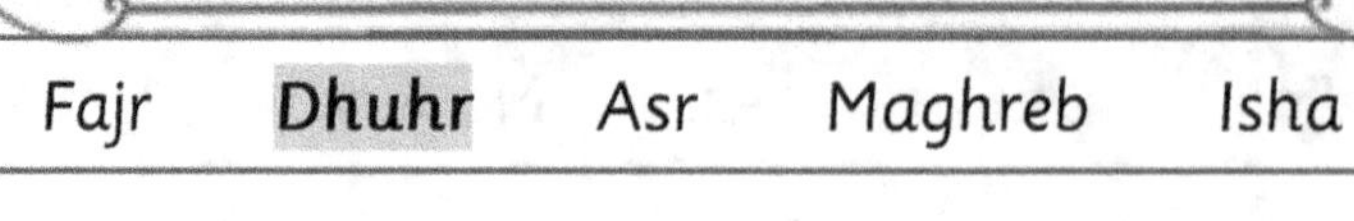

Nach dem vollständigen Rezitieren des Tashahud besteht der letzte Schritt (The Tasleem) zur Vervollständigung des Al-Fajr-Gebets darin, den Kopf nach rechts (1) und dann nach links (2) zu drehen.
Sprich auf jeder Seite :

'Assalamu alaykum wa rahmatu Allah WabaRak'ahuh'

السلام عليكم ورحمة الله وبركاته

«Möge Allahs Frieden und Barmherzigkeit auf euch sein»

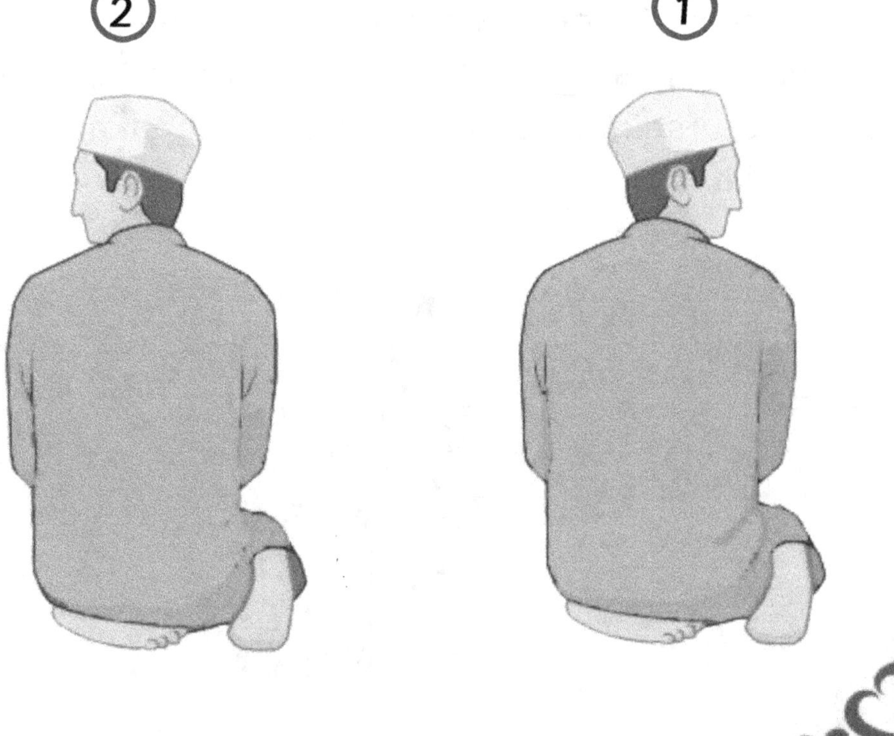

<u>Zusammenfassung</u> : Die Schritte zur Durchführung von Dhuhr Salah

Rak'ah 1

- Takbirat Al-Ihram
- Al-Fatiha und Sure
- Ruku'
- Sujud

Rak'ah 2

- Takbirat
- Al-Fatiha und Sure
- Ruku'
- Sujud
- Der erste Taschahhud

Rak'ah 3

- Takbirat
- Nur Al-Fatiha
- Ruku'
- Sujud

Rak'ah 4

- Takbirat
- Nur Al-Fatiha
- Ruku'
- Sujud
- Der Taschahud (beide)
- Der Tasleem

Al-Asr
Salah

Al-Asr Salat wird genau wie Ad-Dhuhr Salah durchgeführt, egal ob für Männer oder Frauen. (Siehe Seite 33)

Al-Asr-Salat enthält 4 Rak'ahs, für die ersten beiden rezitieren wir still die Sure al-Fatiha mit einer anderen Sure. Die ersten beiden Rak'ahs enden mit der Rezitation des ersten Tashahud. Danach werden die dritte und vierte Rak'ah durchgeführt, indem nur die Sure al-Fatiha stumm rezitiert wird, dann die beiden Tashahud rezitiert werden und mit Tasleem als letzter Schritt enden.

<u>Zusammenfassung</u> : Die Schritte zur Durchführung von al-Asr Salah

Rak'ah 1

- Takbirat Al-Ihram
- Al-Fatiha und Sure
- Ruku'
- Sujud

Rak'ah 2

- Takbirat
- Al-Fatiha und Sure
- Ruku'
- Sujud
- Der erste Taschahhud

Rak'ah 3

- Takbirat
- Nur Al-Fatiha
- Ruku'
- Sujud

Rak'ah 4

- Takbirat
- Nur Al-Fatiha
- Ruku'
- Sujud
- Der Taschahud (beide)
- Der Tasleem

Al-Maghreb Salah

Direkt nach Sonnenuntergang vor Einbruch der Dunkelheit

(Praktisch)

Fajr   Dhuhr   Asr   Maghreb   Isha

Allahou Akbar Allahou Akbar,
Ashehadou anna la illaha ila Allah,
Ashehadou anna Mohammed Rasulu Allah,
Hayah 'ala As-Salat Hayah 'ala Al-Falah,
Qad qamati As-Salat, Allah akbar Allah Akbar,
La illaha ila Allah

Fajr   Dhuhr   Asr   **Maghreb**   Isha

Allahu Akbar

(Laut)

Bismi Allahi ar-rahmani ar-raheem,
al-hamdu lillaahi rabbil'aalameen,
Ar-rahmaani ar-raheem,
maaliki yawmideen,
iyyaaka na'budo wa iyyaaka nasta'een,
Ihdina siraata almustaqeem,
Siraata aladheena an'amta alayhim ghayri
almaghduobi 'alayhim waladduaaalleen. Amen

(Laut)

Bismi Allahi ar-rahmani ar-raheem,
Itha jaa nasru Allahi waalfathu,
Waraayta alnnasa yadkhuloona fee deeni Allahi afwajan,
Fasabbih bihamdi rabbika waistaghfirhu innahu kana tawwaban

Sure An-Nasr

Allahu Akbar,

Subhanna Rabbeyal Azzem
Subhanna Rabbeyal Azzem
Subhanna Rabbeyal Azzem

Fajr   Dhuhr   Asr   Maghreb   Isha
Samey Allahu leman hamedah,
Rabbana walaka alhamdou

Allahu Akbar,

Subhana Rabbi al A'la
Subhana Rabbi al A'la
Subhana Rabbi al A'la

Allahu Akbar,

Rabi ighfer li
Rabi ighfer li

Allahu Akbar,

Subhana Rabbi al A'la
Subhana Rabbi al A'la
Subhana Rabbi al A'la

Allahu Akbar

(Laut)

Bismi Allahi ar-rahmani ar-raheem,
al-hamdu lillaahi rabbil'aalameen,
Ar-rahmaani ar-raheem,
maaliki yawmideen,
iyyaaka na'budo wa iyyaaka nasta'een,
Ihdina siraata almustaqeem,
Siraata aladheena an'amta alayhim ghayri
almaghduobi 'alayhim waladduaaalleen. Amen

(Laut)

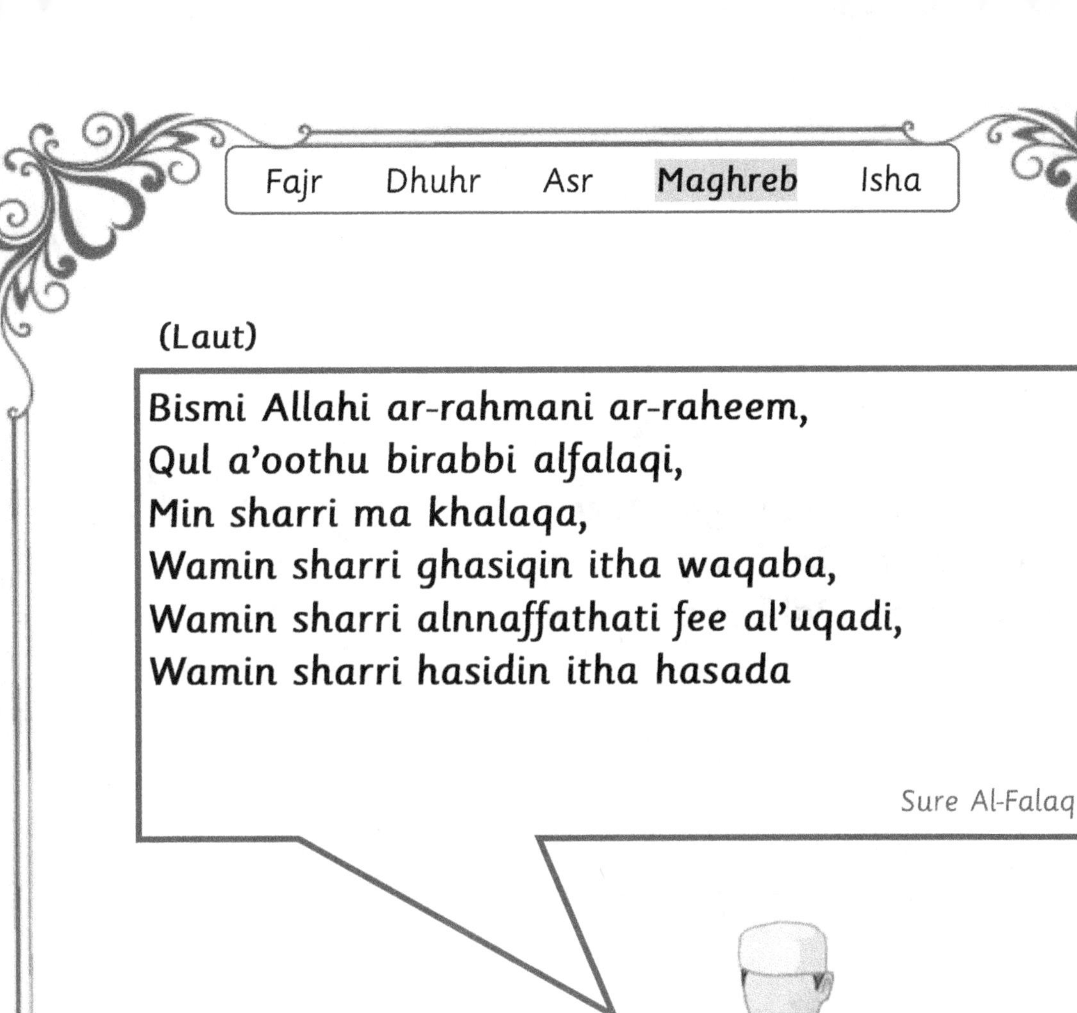

Sure Al-Falaq

Allahu Akbar,

Subhanna Rabbeyal Azzem
Subhanna Rabbeyal Azzem
Subhanna Rabbeyal Azzem

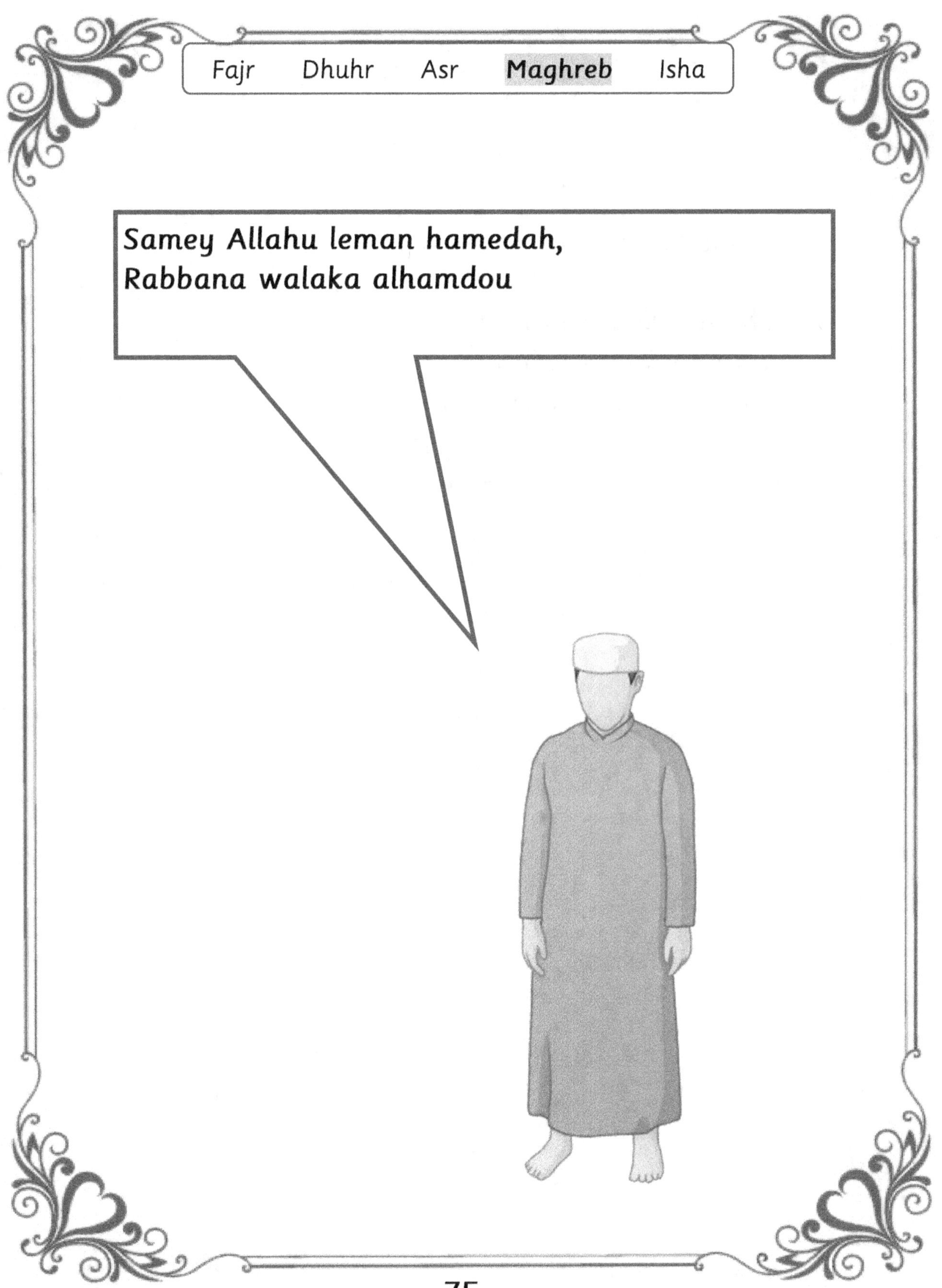

Fajr   Dhuhr   Asr   Maghreb   Isha
Samey Allahu leman hamedah,
Rabbana walaka alhamdou

Allahu Akbar,

Subhana Rabbi al A'la
Subhana Rabbi al A'la
Subhana Rabbi al A'la

Fajr   Dhuhr   Asr   Maghreb   Isha

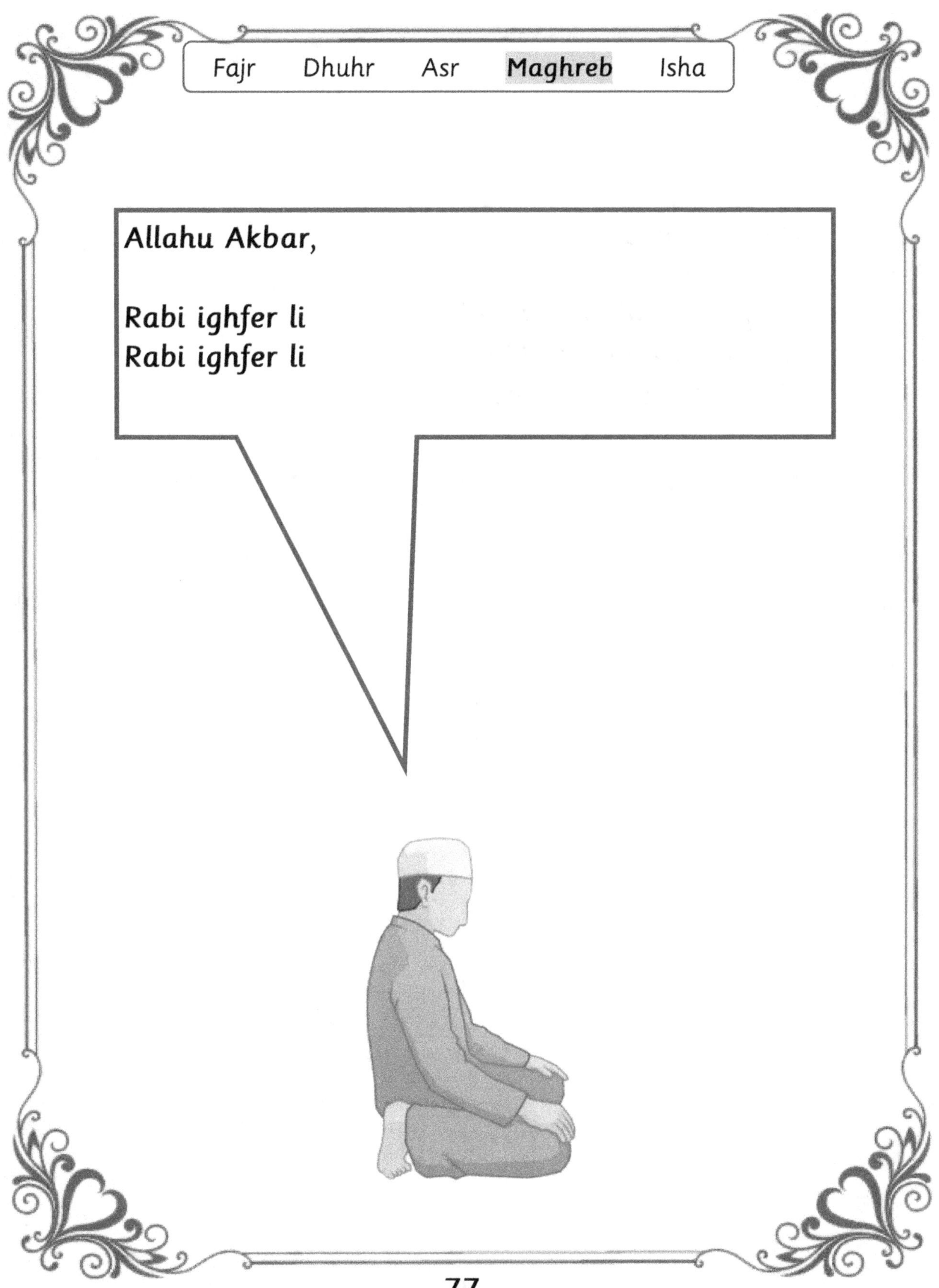

Allahu Akbar,

Rabi ighfer li
Rabi ighfer li

Allahu Akbar,

Subhana Rabbi al A'la
Subhana Rabbi al A'la
Subhana Rabbi al A'la

(Schweigend)

Allahu Akbar,

At-tahiyyatoulillah, wa as-salawatou wa tayyibat, assalamou 'alayka ayyouha nabiyyou wa rahmatoullahi wa baRak'ahouh, assalamou 'alayna wa 'ala 'ibadillahi assalihin, ashhadou an la ilaha illallah wa ashhadou anna mouhammadan 'abdouhou wa rasoulouh.

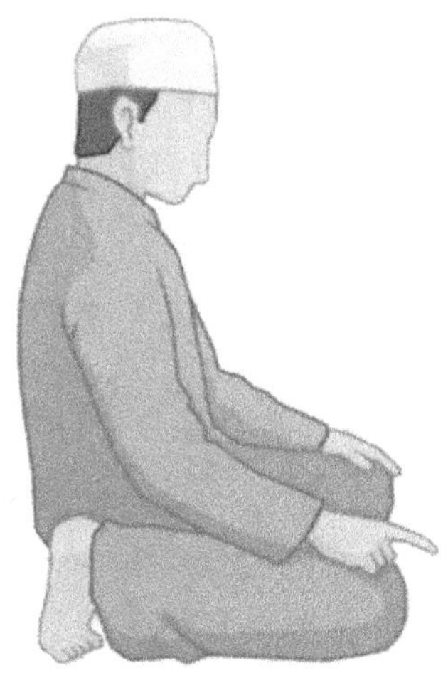

Fajr   Dhuhr   Asr   Maghreb   Isha

Allahu Akbar

(Schweigend)

Bismi Allahi ar-rahmani ar-raheem,
al-hamdu lillaahi rabbil'aalameen,
Ar-rahmaani ar-raheem,
maaliki yawmideen,
iyyaaka na'budo wa iyyaaka nasta'een,
Ihdina siraata almustaqeem,
Siraata aladheena an'amta alayhim ghayri
almaghduobi 'alayhim waladduaaalleen. Amen

Allahu Akbar,

Subhanna Rabbeyal Azzem
Subhanna Rabbeyal Azzem
Subhanna Rabbeyal Azzem

Samey Allahu leman hamedah,
Rabbana walaka alhamdou

Fajr   Dhuhr   Asr   **Maghreb**   Isha

Allahu Akbar,

Subhana Rabbi al A'la
Subhana Rabbi al A'la
Subhana Rabbi al A'la

Allahu Akbar,

Rabi ighfer li
Rabi ighfer li

Allahu Akbar,

Subhana Rabbi al A'la
Subhana Rabbi al A'la
Subhana Rabbi al A'la

(Schweigend)

Allahu Akbar,

At-tahiyyatoulilllah, wa as-salawatou wa tayyibat, assalamou 'alayka ayyouha nabiyyou wa rahmatoullahi wa baRak'ahouh, assalamou 'alayna wa 'ala 'ibadillahi assalihin, ashhadou an la ilaha illallah wa ashhadou anna mouhammadan 'abdouhou wa rasoulouh.

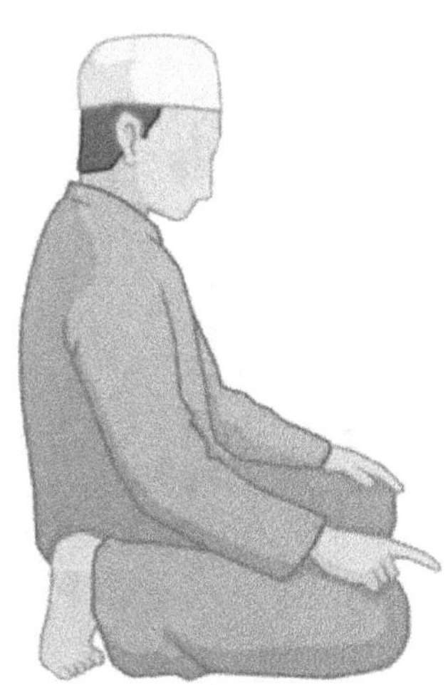

(Schweigend)

Allahoumma salli 'ala mouhammedin wa 'ala ali mouhammed, kama sallayta 'ala ibrahima wa 'ala ali ibrahim, innaka hamidoun majid. Allahoumma barik 'ala mouhammedin wa 'ala ali mouhammed, kama barakta 'ala ibrahima wa 'ala ali ibrahim, innaka hamidoun majid.

Assalamu alaykum wa rahmatu Allah WabaRak'ahuh
(Recht)

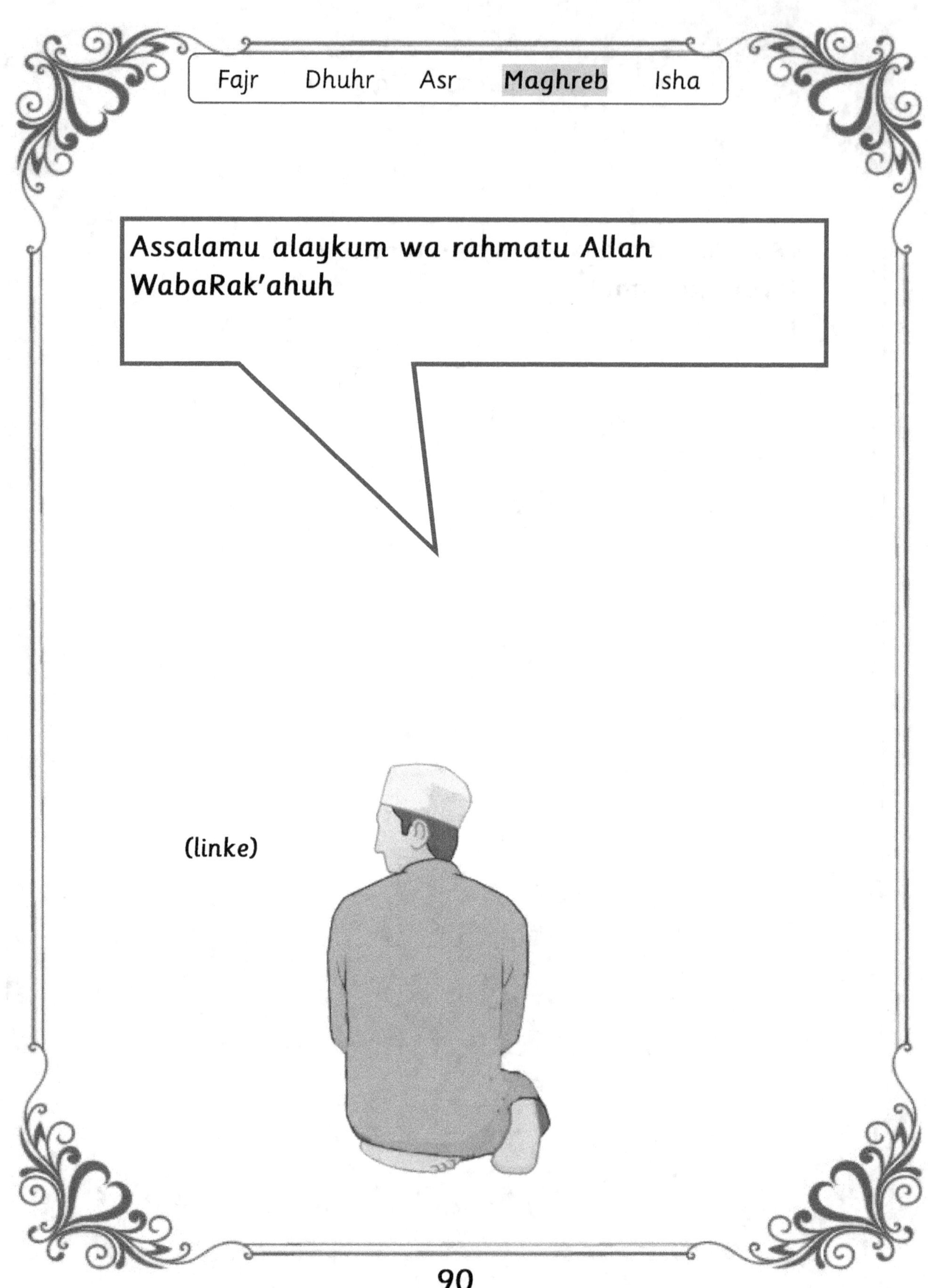
Assalamu alaykum wa rahmatu Allah WabaRak'ahuh
(linke)

<u>Zusammenfassung</u> : Die Schritte zur Durchführung von al-Maghreb Salah

Rak'ah 1

- Takbirat Al-Ihram
- Al-Fatiha und Sure (L)
- Ruku'
- Sujud

Rak'ah 2

- Takbirat
- Al-Fatiha und Sure (L)
- Ruku'
- Sujud
- Der erste Taschahhud

Rak'ah 3

- Takbirat
- Nur Al-Fatiha (S)
- Ruku'
- Sujud
- Der Taschahud (beide)
- Der Tasleem

(L): Laut
(S): Schweigend

Al-Isha Salah

Nach Einbruch der Dunkelheit bis vor Sonnenaufgang und vorzugsweise vor Mitternacht

Für Frauen : Al-Isha Salah wird exakt wie al-Asr und Dhuhr Salah durchgeführt (siehe Seite 33)

Für Männer : Al-Isha Salah wird laut durchgeführt. Für die ersten beiden Rak'ahs werden exakte Angaben wie im Al-Maghreb-Salah gemacht (siehe Seite 61). Und die dritte und vierte Rak'ah werden wie in der Dhuhr oder al-Asr Salah durchgeführt (siehe Seite 33)

Al-Isha Salat enthält 4 Rak'ahs, für die ersten beiden rezitieren wir die Sure al-Fatiha mit einer anderen Sure. Beide Rak'ahs enden mit der Rezitation des ersten Tashahud.
Danach werden die dritte und vierte Rak'ah durchgeführt, indem nur die Sure al-Fatiha stumm rezitiert wird, dann endet die Al-Isha-Salah, indem der Tashahud und der Tasleem als letzter Schritt vollständig rezitiert werden.

<u>Zusammenfassung</u> : Al-Isha Salah mit Illustrationen

(Rak'ah 1)

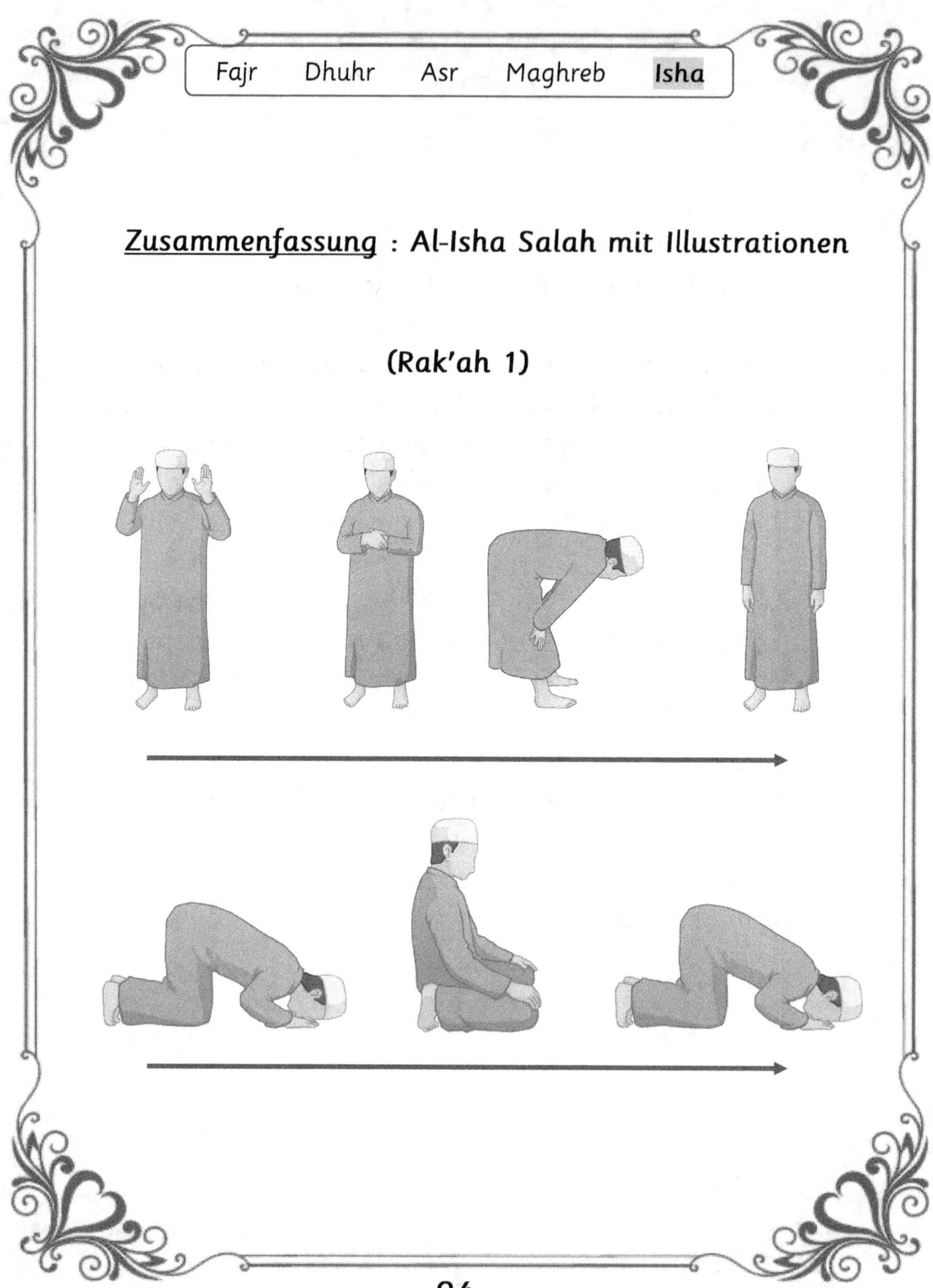

(Rak'ah 2)

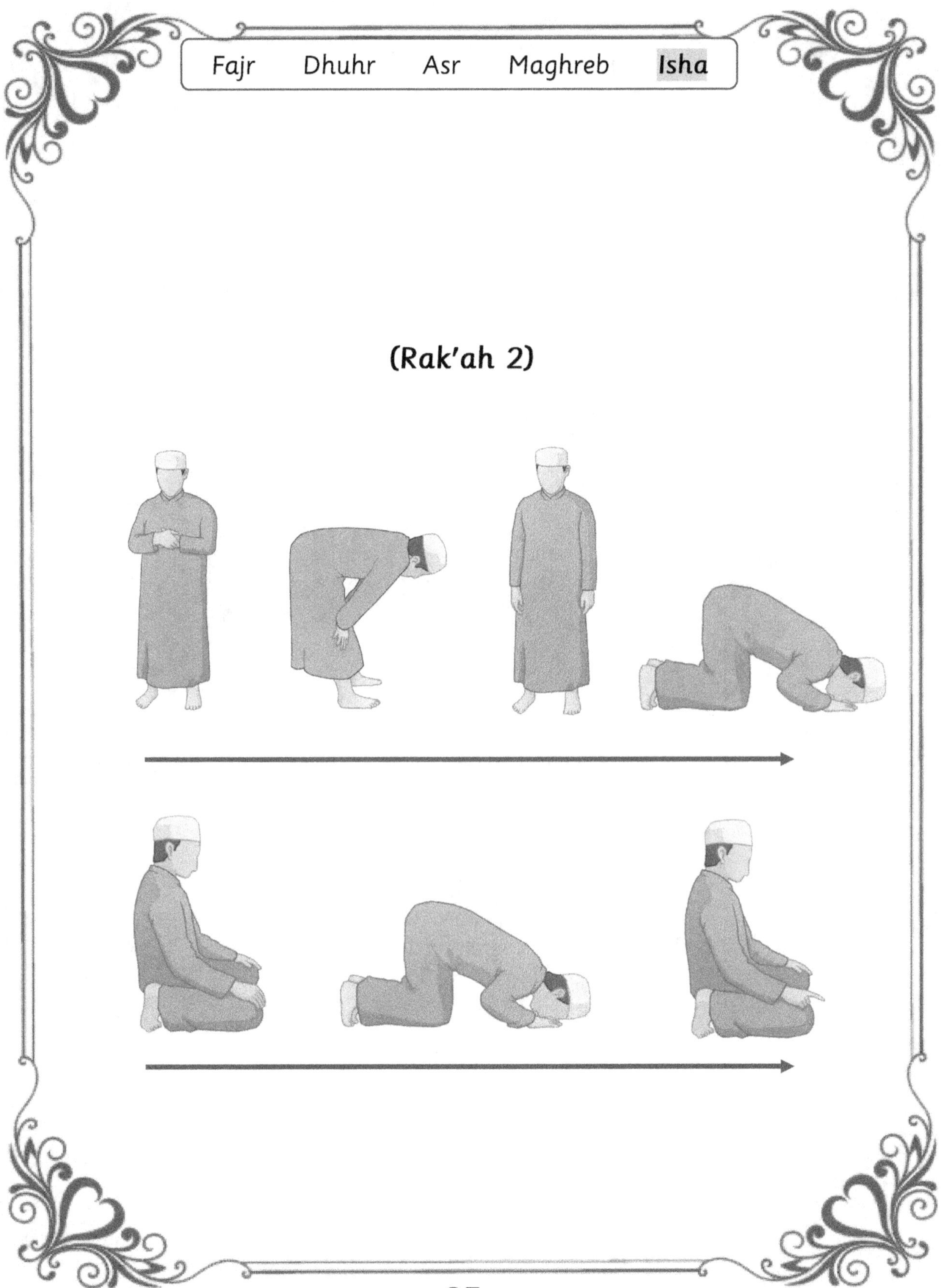

(Rak'ah 3)

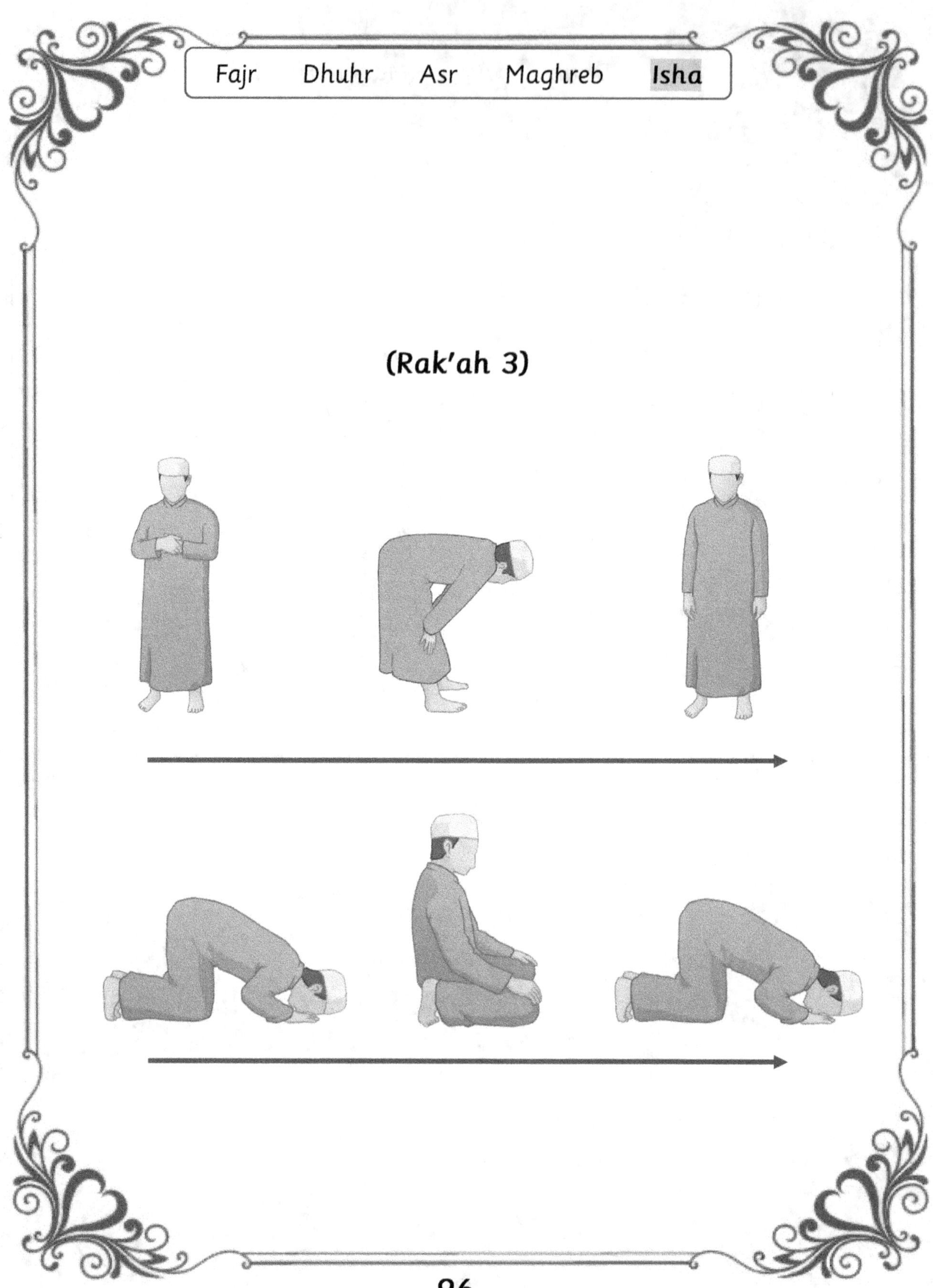

(Rak'ah 4)

<u>Zusammenfassung</u> : Die Schritte zur Durchführung von al-Isha Salah

Rak'ah 1

- Takbirat Al-Ihram
- Al-Fatiha und Sure (L)
- Ruku'
- Sujud

Rak'ah 2

- Takbirat
- Al-Fatiha und Sure (L)
- Ruku'
- Sujud
- Der erste Taschahhud

Rak'ah 3

- Takbirat
- Nur Al-Fatiha (S)
- Ruku'
- Sujud

Rak'ah 4

- Takbirat
- Nur Al-Fatiha (S)
- Ruku'
- Sujud
- Der Taschahud (beide)
- Der Tasleem

(L): Laut
(S): Schweigend

Wie man Wudu ausführt

Wie man Wudu ausführt

Sagen "Bismillah" بسم الله "Im Namen Allahs"

Hände gründlich waschen,
einschließlich Handgelenke
und dazwischen die Finger.
(3 mal)

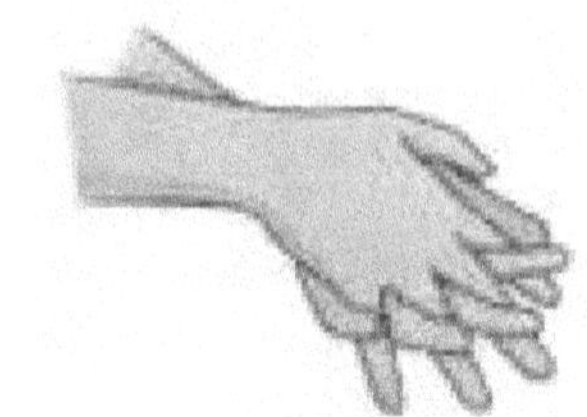

Mit der rechten Hand den Mund
ausspülen, eine kleine Menge
Wasser einfüllen im Mund,
kreisen Sie es ein und dann
entfernen Sie es.
(dreimal)

Atme das Wasser in die Nasenlöcher
Ein so viel wie möglich mit
die rechte Hand, und dann
Ausatmen mit der linken Hand.
(dreimal)

Waschen Sie das Gesicht von der Stirn bis zum Kinn, linkes Ohrläppchen nach rechts Ohrläppchen. Achten Sie darauf, das Gesicht zu waschen ganz und gar. (**dreimal**)

Waschen Sie die Arme bis zu den Ellbogen, hand und zwischen den Fingern. Beginnen Sie mit dem rechten Arm, Dann linker Arm. (**3 mal für jeden Arm**)

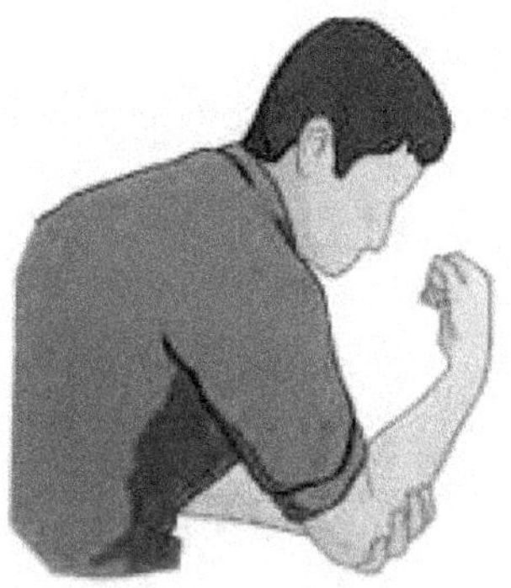

Wischen Sie den Kopf mit nassen Fingern ab, beginnend von der Kante bis zum hinteren Haaransatz und zurück alles in einem Bewegung. (**Nur einmal**)

Wischen Sie den Zeigefinger in beide Ohren, Wischen Sie dann die Rückseite von den Ohren mit ab der Daumen.
(Nur einmal)

Waschen Sie die Füße, einschließlich der Knöchel, und zwischen den Zehen. Beginnen Sie mit dem rechten Fuß.
(3 mal pro Fuß)

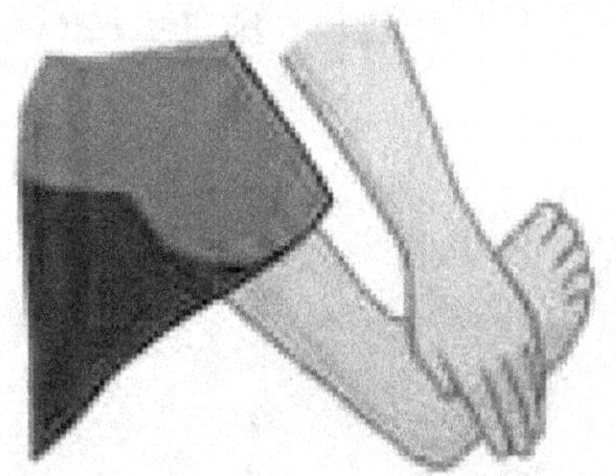

Rezitiere die Shahada und die Dua

Wenn der Prophet (Sala Allahu 'Alayhi wasalam) sein Wudu beendete, sagte er die Shahada :
- **"Ash-hadu ana la ilaha illa Alahu wa ash-hadu anna Muhammadan 'abduhu wa rasuluh."**

« أَشهَدُ أنْ لا إلهَ إلَّا اللّهُ، وأنَّ مُحمَّدًا عبدُ اللّهِ ورسولُه »

Das bedeutet : "Ich bezeuge, dass es keinen Gott gibt außer Allah, und ich bezeuge auch, dass Muhammad Sein Diener und Gesandter ist."

Nach dieser Aussage würde er das folgende Dua machen :
- **"Allahuma j'alni mina tawabeen waj-'alnee mina mutatahireen"**

« اللَّهُمَّ اجْعَلْنِي مِنْ التَّوَّابِينَ ، وَاجْعَلْنِي مِنْ الْمُتَطَهِّرِينَ »

Was bedeutet : "O Allah, mach mich zu denen, die Buße suchen, und mach mich zu denen, die sich selbst reinigen."

Kurze
Suren
aus dem Heiligen Koran

سُورَة ٱلْفَاتِحَة

Sure AL-FATIHA 1/114

بِسْمِ ٱللَّهِ ٱلرَّحْمَٰنِ ٱلرَّحِيمِ [١]

Bismi Allahi alrrahmani alrraheemi

ٱلْحَمْدُ لِلَّهِ رَبِّ ٱلْعَٰلَمِينَ [٢]

Alhamdu lillahi rabbi al'alameena

ٱلرَّحْمَٰنِ ٱلرَّحِيمِ [٣]

Alrrahmani alrraheemi

مَٰلِكِ يَوْمِ ٱلدِّينِ [٤]

Maliki yawmi alddeeni

إِيَّاكَ نَعْبُدُ وَإِيَّاكَ نَسْتَعِينُ [٥]

Iyyaka na'budu wa-iyyaka nasta'eenu

ٱهْدِنَا ٱلصِّرَٰطَ ٱلْمُسْتَقِيمَ [٦]

Ihdina alssirata almustaqeema

صِرَٰطَ ٱلَّذِينَ أَنْعَمْتَ عَلَيْهِمْ غَيْرِ ٱلْمَغْضُوب

Sirata allatheena an'amta 'alayhim ghayri almaghdoobi

عَلَيْهِمْ وَلَا ٱلضَّآلِّينَ [٧]

'alayhim wala alddalleena

Die Eröffnung سُورَةُ ٱلْفَاتِحَة

[١] بِسْمِ ٱللَّهِ ٱلرَّحْمَٰنِ ٱلرَّحِيمِ

Im Namen Allahs, des Allerbarmers, des Barmherzigen

[٢] ٱلْحَمْدُ لِلَّهِ رَبِّ ٱلْعَٰلَمِينَ

(Alles) Lob gehört Allah, dem Herrn der Welten

[٣] ٱلرَّحْمَٰنِ ٱلرَّحِيمِ

dem Allerbarmer, dem Barmherzigen

[٤] مَٰلِكِ يَوْمِ ٱلدِّينِ

dem Herrscher am Tag des Gerichts

[٥] إِيَّاكَ نَعْبُدُ وَإِيَّاكَ نَسْتَعِينُ

Dir allein dienen wir, und zu Dir allein flehen wir um Hilfe

[٦] ٱهْدِنَا ٱلصِّرَٰطَ ٱلْمُسْتَقِيمَ

Leite uns den geraden Weg

صِرَٰطَ ٱلَّذِينَ أَنْعَمْتَ عَلَيْهِمْ غَيْرِ ٱلْمَغْضُوبِ عَلَيْهِمْ وَلَا ٱلضَّآلِّينَ [٧]

den Weg derjenigen, denen Du Gunst erwiesen hast, nicht derjenigen, die (Deinen) Zorn erregt haben, und nicht der Irregehenden

Sure AL-IKHLAS   112/114   سُورَةُ ٱلْإِخْلَاصِ

بِسْمِ ٱللَّهِ ٱلرَّحْمَٰنِ ٱلرَّحِيمِ

Bismi Allahi alrrahmani alrraheemi

قُلْ هُوَ ٱللَّهُ أَحَدٌ [١]

Qul huwa Allahu ahadun

ٱللَّهُ ٱلصَّمَدُ [٢]

Allahu alssamadu

لَمْ يَلِدْ وَلَمْ يُولَدْ [٣]

Lam yalid walam yooladu

وَلَمْ يَكُن لَّهُ كُفُوًا أَحَدٌ [٤]

Walam yakun lahu kufuwan ahadun

Die Aufrichtigkeit   سُورَةُ ٱلْإِخْلَاصِ

بِسْمِ ٱللَّهِ ٱلرَّحْمَٰنِ ٱلرَّحِيمِ

Im Namen Allahs, des Allerbarmers, des Barmherzigen

قُلْ هُوَ ٱللَّهُ أَحَدٌ [١]

Sag: Er ist Allah, ein Einer

ٱللَّهُ ٱلصَّمَدُ [٢]

Allah, der Überlegene

لَمْ يَلِدْ وَلَمْ يُولَدْ [٣]

Er hat nicht gezeugt und ist nicht gezeugt worden

وَلَمْ يَكُن لَّهُ كُفُوًا أَحَدٌ [٤]

und niemand ist Ihm jemals gleich

| Sure AL-FALAQ | 113/118 | سُورَةُ ٱلْفَلَقِ |

بِسْمِ ٱللَّهِ ٱلرَّحْمَٰنِ ٱلرَّحِيمِ

Bismi Allahi alrrahmani alrraheemi

قُلْ أَعُوذُ بِرَبِّ ٱلْفَلَقِ [١]

Qul a'oothu birabbi alfalaqi

مِن شَرِّ مَا خَلَقَ [٢]

Min sharri ma khalaqa

وَمِن شَرِّ غَاسِقٍ إِذَا وَقَبَ [٣]

Wamin sharri ghasiqin itha waqaba

وَمِن شَرِّ ٱلنَّفَّٰثَٰتِ فِى ٱلْعُقَدِ [٤]

Wamin sharri alnnaffathati fee al'uqadi

وَمِن شَرِّ حَاسِدٍ إِذَا حَسَدَ [٥]

Wamin sharri hasidin itha hasada

Der Tagesanbruch   سُورَةُ ٱلْفَلَقِ

بِسْمِ ٱللَّهِ ٱلرَّحْمَٰنِ ٱلرَّحِيمِ

Im Namen Allahs, des Allerbarmers, des Barmherzigen

قُلْ أَعُوذُ بِرَبِّ ٱلْفَلَقِ [١]

Sag: Ich nehme Zuflucht beim Herrn des Tagesanbruchs

مِن شَرِّ مَا خَلَقَ [٢]

vor dem Übel dessen, was Er erschaffen hat

وَمِن شَرِّ غَاسِقٍ إِذَا وَقَبَ [٣]

und vor dem Übel der Dunkelheit, wenn sie zunimmt

وَمِن شَرِّ ٱلنَّفَّٰثَٰتِ فِى ٱلْعُقَدِ [٤]

und vor dem Übel der Knotenanbläserinnen

وَمِن شَرِّ حَاسِدٍ إِذَا حَسَدَ [٥]

und vor dem Übel eines (jeden) Neidenden, wenn er neidet

<table><tr><td>**Sure AN-NAS**</td><td>**114/118**</td><td dir="rtl">سُورَة ٱلنَّاس</td></tr></table>

بِسْمِ ٱللَّهِ ٱلرَّحْمَٰنِ ٱلرَّحِيمِ

Bismi Allahi alrrahmani alrraheemi

قُلْ أَعُوذُ بِرَبِّ ٱلنَّاسِ [١]

Qul a'oothu birabbi alnnasi

مَلِكِ ٱلنَّاسِ [٢]

Maliki alnnasi

إِلَٰهِ ٱلنَّاسِ [٣]

Ilahi alnnasi

مِن شَرِّ ٱلْوَسْوَاسِ ٱلْخَنَّاسِ [٤]

Min sharri alwaswasi alkhannasi

ٱلَّذِى يُوَسْوِسُ فِى صُدُورِ ٱلنَّاسِ [٥]

Allathee yuwaswisu fee sudoori alnnasi

مِنَ ٱلْجِنَّةِ وَٱلنَّاسِ [٦]

Mina aljinnati waalnnasi

Die Menschheit سُورَةُ ٱلنَّاسِ

بِسْمِ ٱللَّهِ ٱلرَّحْمَٰنِ ٱلرَّحِيمِ

Im Namen Allahs, des Allerbarmers, des Barmherzigen

قُلْ أَعُوذُ بِرَبِّ ٱلنَّاسِ [١]

Sag: Ich nehme Zuflucht beim Herrn der Menschen

مَلِكِ ٱلنَّاسِ [٢]

dem König der Menschen

إِلَٰهِ ٱلنَّاسِ [٣]

dem Gott der Menschen

مِن شَرِّ ٱلْوَسْوَاسِ ٱلْخَنَّاسِ [٤]

vor dem Übel des Einflüsterers, des Davonschleichers

ٱلَّذِى يُوَسْوِسُ فِى صُدُورِ ٱلنَّاسِ [٥]

der in die Brüste der Menschen einflüstert

مِنَ ٱلْجِنَّةِ وَٱلنَّاسِ [٦]

von den Ginn und den Menschen

| Sure AL-MASAD | 111/118 | سُورَةُ ٱلْمَسَدِ |

بِسْمِ ٱللَّهِ ٱلرَّحْمَٰنِ ٱلرَّحِيمِ

Bismi Allahi alrrahmani alrraheemi

تَبَّتْ يَدَآ أَبِى لَهَبٍ وَتَبَّ [١]

Tabbat yada abee lahabin watabba

مَآ أَغْنَىٰ عَنْهُ مَالُهُ وَمَا كَسَبَ [٢]

Ma aghna 'anhu maluhu wama kasaba

سَيَصْلَىٰ نَارًا ذَاتَ لَهَبٍ [٣]

Sayasla naran thata lahabin

وَٱمْرَأَتُهُ حَمَّالَةَ ٱلْحَطَبِ [٤]

Waimraatuhu hammalata alhatabi

فِى جِيدِهَا حَبْلٌ مِّن مَّسَدٍ [٥]

Fee jeediha hablun min masadin

Die Palmfaser 

Im Namen Allahs, des Allerbarmers, des Barmherzigen

تَبَّتْ يَدَآ أَبِى لَهَبٍ وَتَبَّ [١]

Zugrunde gehen sollen die Hände Abu Lahabs, und zugrunde gehen soll er (selbst)!

مَآ أَغْنَىٰ عَنْهُ مَالُهُ وَمَا كَسَبَ [٢]

Was nützt ihm sein Besitz und das, was er erworben hat?

سَيَصْلَىٰ نَارًا ذَاتَ لَهَبٍ [٣]

Er wird einem Feuer voller Flammen ausgesetzt sein

وَٱمْرَأَتُهُ حَمَّالَةَ ٱلْحَطَبِ [٤]

und (auch) seine Frau, die Brennholzträgerin

فِى جِيدِهَا حَبْلٌ مِّن مَّسَدٍ [٥]

Um ihrem Hals ist ein Strick aus Palmfasern

Bismi Allahi alrrahmani alrraheemi

إِذَا جَاءَ نَصْرُ ٱللَّهِ وَٱلْفَتْحُ [١]

Itha jaa nasru Allahi waalfathu

وَرَأَيْتَ ٱلنَّاسَ يَدْخُلُونَ فِى دِينِ ٱللَّهِ أَفْوَاجًا [٢]

Waraayta alnnasa yadkhuloona fee deeni Allahi afwajan

فَسَبِّحْ بِحَمْدِ رَبِّكَ وَٱسْتَغْفِرْهُ إِنَّهُ كَانَ تَوَّابًا [٣]

Fasabbih bihamdi rabbika waistaghfirhu innahu kana
tawwaban

Die göttliche Unterstützung   سُورَةُ ٱلنَّصۡرِ

بِسۡمِ ٱللَّهِ ٱلرَّحۡمَٰنِ ٱلرَّحِيمِ

Im Namen Allahs, des Allerbarmers, des Barmherzigen

إِذَا جَآءَ نَصۡرُ ٱللَّهِ وَٱلۡفَتۡحُ [١]

Wenn Allahs Hilfe kommt und der Sieg

وَرَأَيۡتَ ٱلنَّاسَ يَدۡخُلُونَ فِى دِينِ ٱللَّهِ أَفۡوَاجًا [٢]

und du die Menschen in Allahs Religion in Scharen eintreten siehst

فَسَبِّحۡ بِحَمۡدِ رَبِّكَ وَٱسۡتَغۡفِرۡهُ إِنَّهُ كَانَ تَوَّابًۢا [٣]

dann lobpreise deinen Herrn und bitte Ihn um Vergebung; gewiß,
Er ist Reueannehmend

| Sure AL-KAFIRUN | 109/118 | سُورَةُ ٱلْكَافِرُونْ |

بِسْمِ ٱللَّهِ ٱلرَّحْمَنِ ٱلرَّحِيمِ

Bismi Allahi alrrahmani alrraheemi

قُلْ يَٰٓأَيُّهَا ٱلْكَٰفِرُونَ [١]

Qul ya ayyuha alkafiroona

لَآ أَعْبُدُ مَا تَعْبُدُونَ [٢]

La a'budu ma ta'budoona

وَلَآ أَنتُمْ عَٰبِدُونَ مَآ أَعْبُدُ [٣]

Wala antum 'abidoona ma a'budu

وَلَآ أَنَا۠ عَابِدٌ مَّا عَبَدتُّمْ [٤]

Wala ana 'abidun ma 'abadtum

وَلَآ أَنتُمْ عَٰبِدُونَ مَآ أَعْبُدُ [٥]

Wala antum 'abidoona ma a'budu

لَكُمْ دِينُكُمْ وَلِىَ دِينِ [٦]

Lakum deenukum waliya deeni

| Die Ungläubigen | سُورَةُ ٱلْكَافِرُونْ |

بِسْمِ ٱللَّهِ ٱلرَّحْمَٰنِ ٱلرَّحِيمِ

Im Namen Allahs, des Allerbarmers, des Barmherzigen

قُلْ يَٰٓأَيُّهَا ٱلْكَٰفِرُونَ ﴿١﴾

Sag: O ihr Ungläubigen

لَآ أَعْبُدُ مَا تَعْبُدُونَ ﴿٢﴾

ich diene nicht dem, dem ihr dient

وَلَآ أَنتُمْ عَٰبِدُونَ مَآ أَعْبُدُ ﴿٣﴾

und ihr dient nicht Dem, Dem ich diene

وَلَآ أَنَا۠ عَابِدٌ مَّا عَبَدتُّمْ ﴿٤﴾

Und ich werde (auch) nicht dem dienen, dem ihr gedient habt

وَلَآ أَنتُمْ عَٰبِدُونَ مَآ أَعْبُدُ ﴿٥﴾

Und ihr werdet nicht Dem dienen, Dem ich diene

لَكُمْ دِينُكُمْ وَلِىَ دِينِ ﴿٦﴾

Euch eure Religion und mir meine Religion

| Sure AL-KAWTHAR | 108/118 | سُورَةُ ٱلْكَوْثَرِ |

بِسْمِ ٱللَّهِ ٱلرَّحْمَنِ ٱلرَّحِيمِ

Bismi Allahi alrrahmani alrraheemi

إِنَّآ أَعْطَيْنَٰكَ ٱلْكَوْثَرَ [١]

Inna a'taynaka alkawthara

فَصَلِّ لِرَبِّكَ وَٱنْحَرْ [٢]

Fasalli lirabbika wainhar

إِنَّ شَانِئَكَ هُوَ ٱلْأَبْتَرُ [٣]

Inna shani-aka huwa al-abtaru

Die Fülle سُورَةُ ٱلْكَوْثَرِ

بِسْمِ ٱللَّهِ ٱلرَّحْمَٰنِ ٱلرَّحِيمِ

Im Namen Allahs, des Allerbarmers, des Barmherzigen

إِنَّآ أَعْطَيْنَٰكَ ٱلْكَوْثَرَ [١]

Wir haben dir ja al-Kautar gegeben

فَصَلِّ لِرَبِّكَ وَٱنْحَرْ [٢]

So bete zu deinem Herrn und opfere

إِنَّ شَانِئَكَ هُوَ ٱلْأَبْتَرُ [٣]

Gewiß, derjenige, der dich haßt, - er ist vom Guten abgetrennt

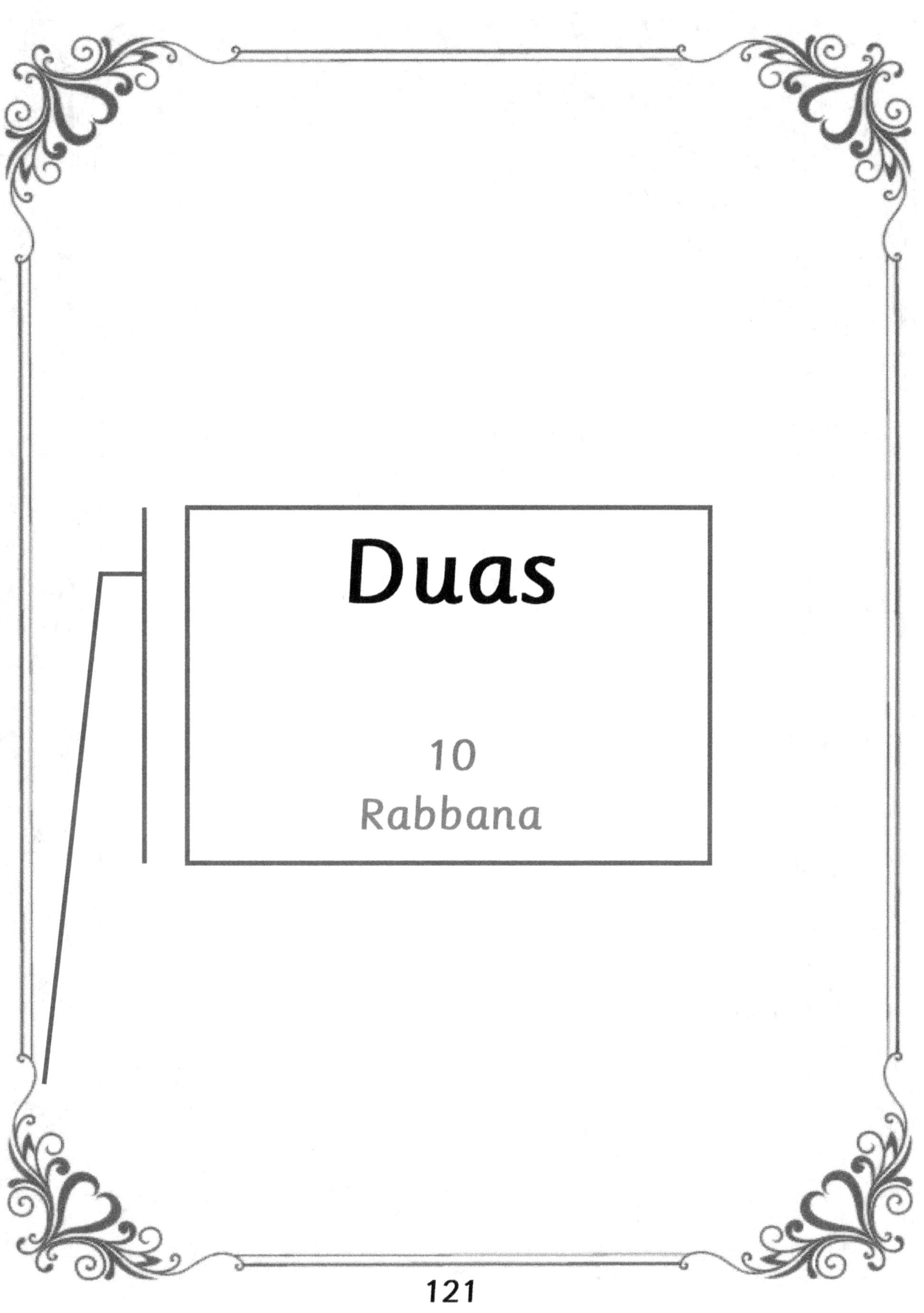

Duas

10
Rabbana

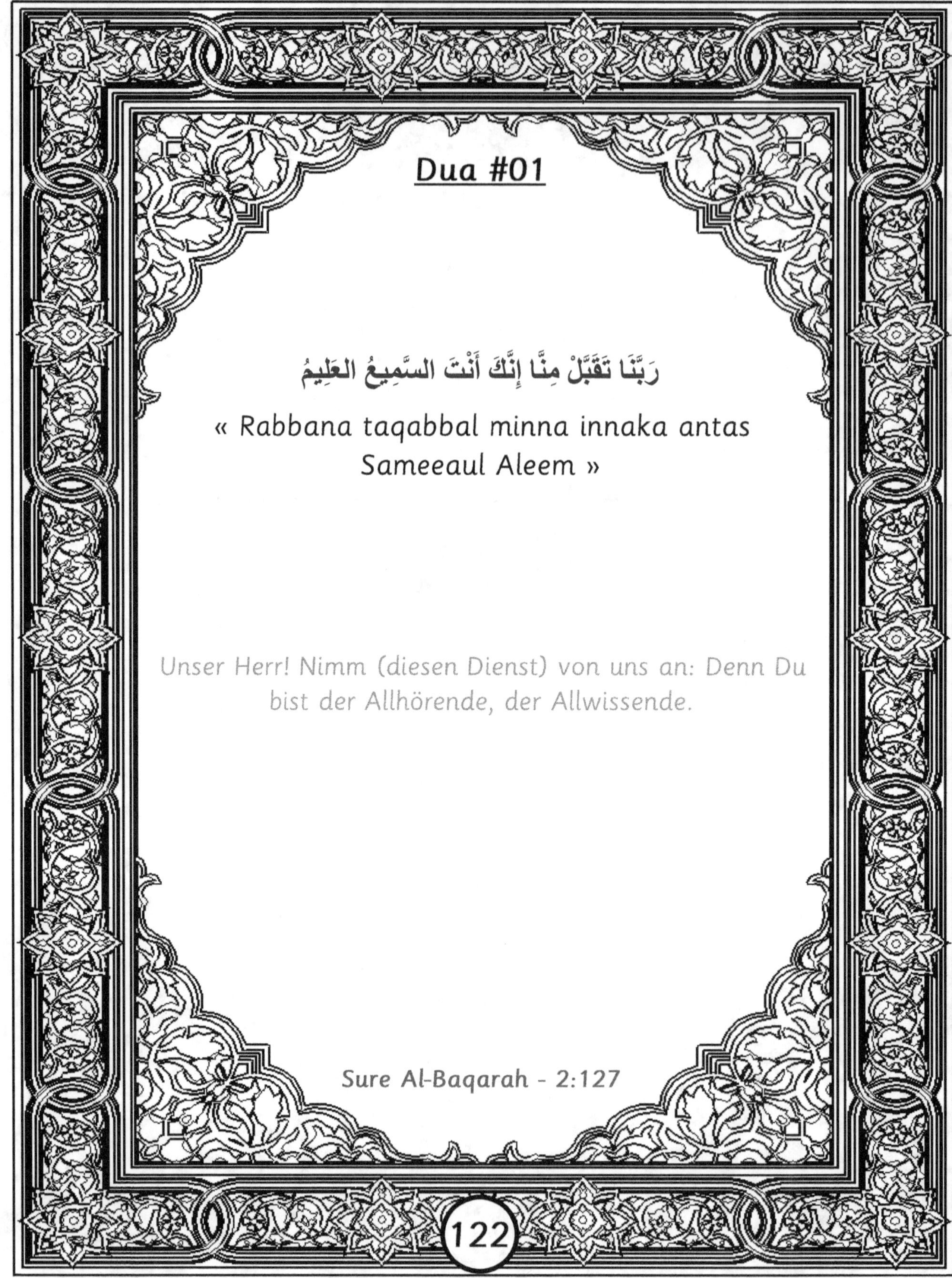

رَبَّنَا تَقَبَّلْ مِنَّا إِنَّكَ أَنْتَ السَّمِيعُ العَلِيمُ

« Rabbana taqabbal minna innaka antas Sameeaul Aleem »

Unser Herr! Nimm (diesen Dienst) von uns an: Denn Du bist der Allhörende, der Allwissende.

Sure Al-Baqarah - 2:127

122

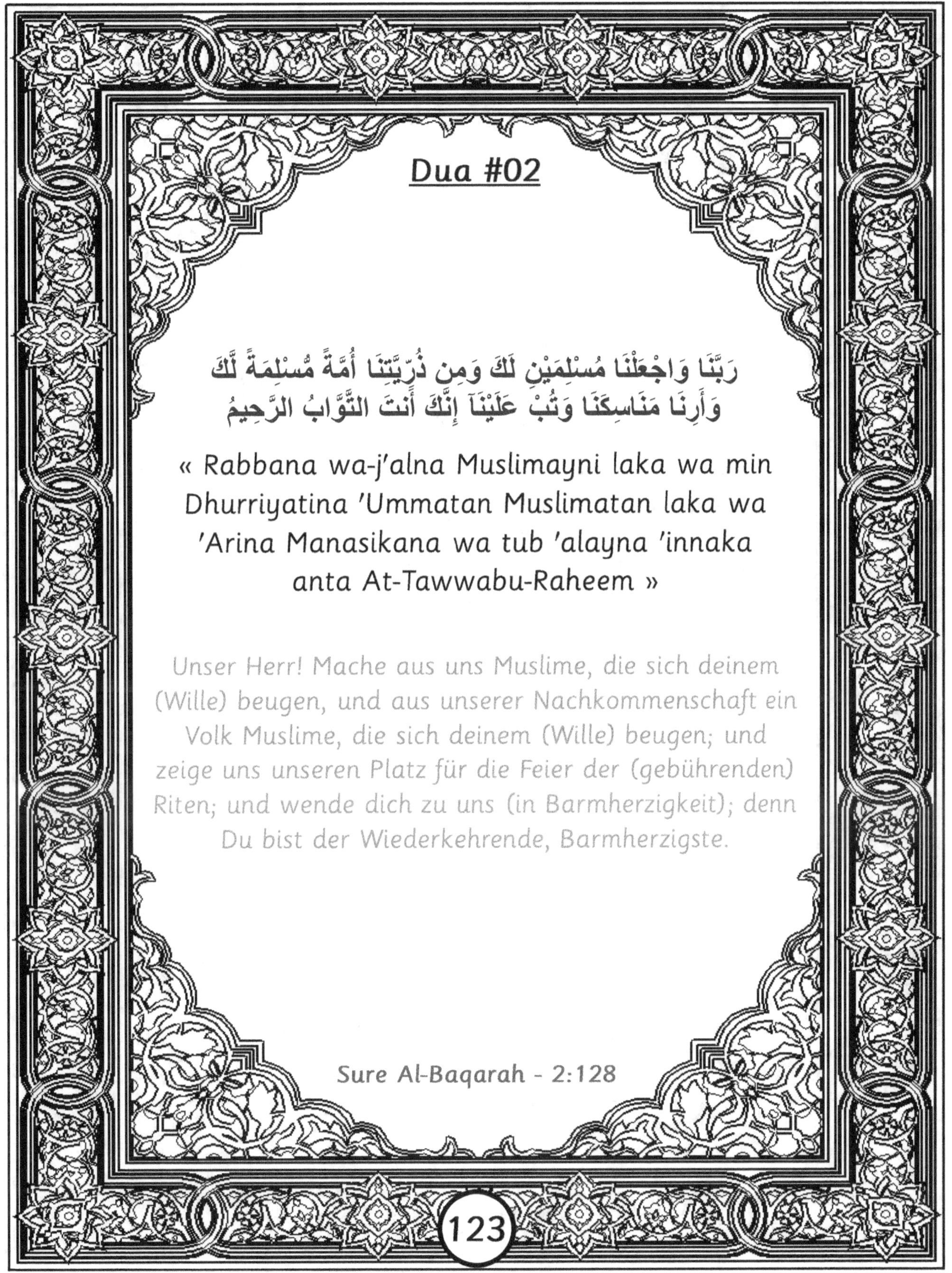

Dua #02

رَبَّنَا وَاجْعَلْنَا مُسْلِمَيْنِ لَكَ وَمِن ذُرِّيَّتِنَا أُمَّةً مُّسْلِمَةً لَّكَ وَأَرِنَا مَنَاسِكَنَا وَتُبْ عَلَيْنَآ إِنَّكَ أَنتَ التَّوَّابُ الرَّحِيمُ

« Rabbana wa-j'alna Muslimayni laka wa min Dhurriyatina 'Ummatan Muslimatan laka wa 'Arina Manasikana wa tub 'alayna 'innaka anta At-Tawwabu-Raheem »

Unser Herr! Mache aus uns Muslime, die sich deinem (Wille) beugen, und aus unserer Nachkommenschaft ein Volk Muslime, die sich deinem (Wille) beugen; und zeige uns unseren Platz für die Feier der (gebührenden) Riten; und wende dich zu uns (in Barmherzigkeit); denn Du bist der Wiederkehrende, Barmherzigste.

Sure Al-Baqarah - 2:128

Dua #03

رَبَّنَآ اٰتِنَا فِي الدُّنْيَا حَسَنَةً وَّفِي الْاٰخِرَةِ حَسَنَةً وَّقِنَا عَذَابَ النَّارِ

« Rabbanaaa Aatinaa Fiddunyaa H'asanata Wa Fil Aakhirati H'asanata Wa Qinaa A'd'aaban Naar »

Unser Herr! Gib uns in dieser Welt das Gute und im Jenseits das Gute und bewahre uns vor der Qual des Feuers !

Sure Al-Baqarah - 2:201

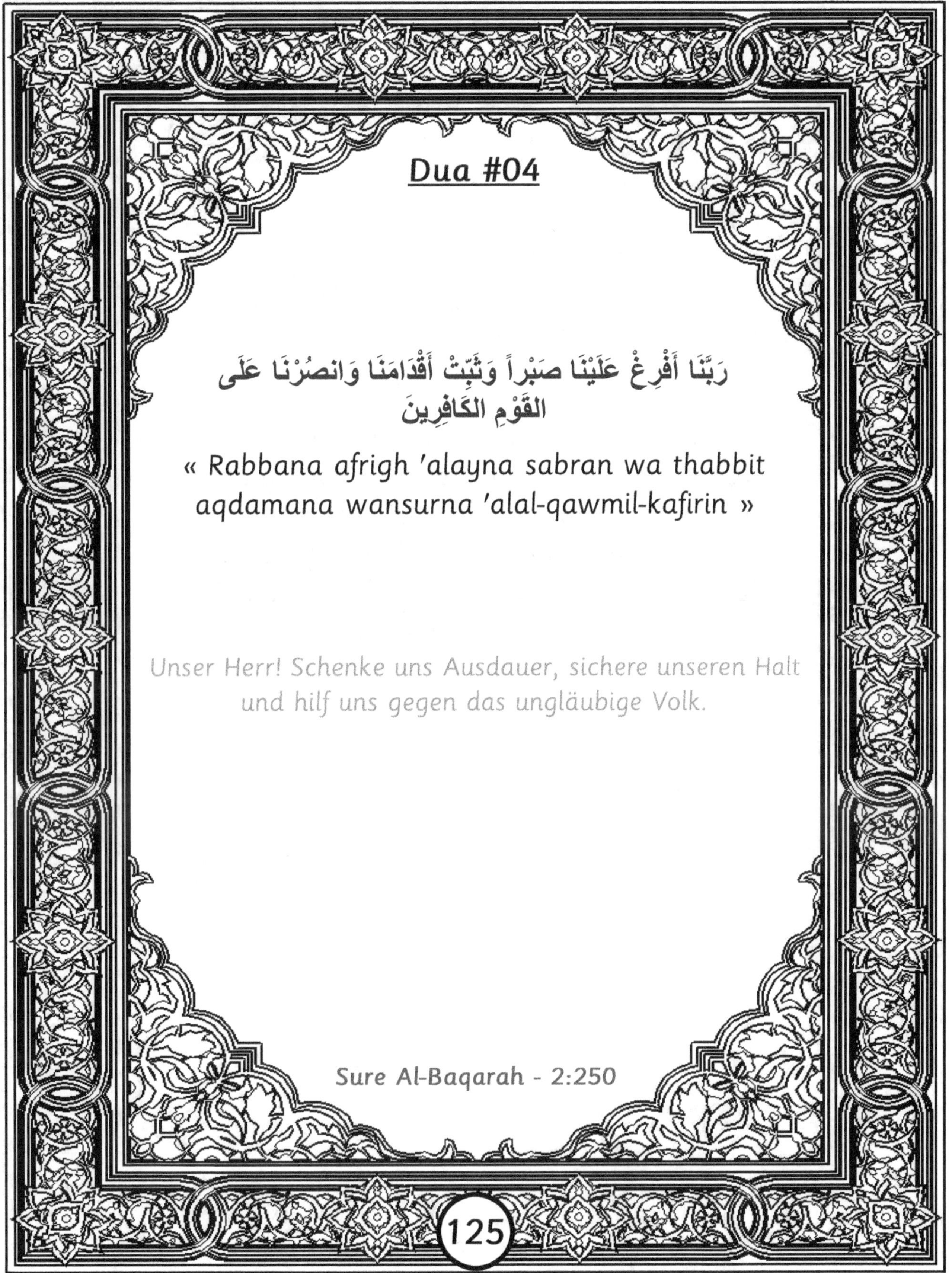

Dua #04

رَبَّنَا أَفْرِغْ عَلَيْنَا صَبْراً وَثَبّتْ أَقْدَامَنَا وَانصُرْنَا عَلَى القَوْمِ الكَافِرِينَ

« Rabbana afrigh 'alayna sabran wa thabbit aqdamana wansurna 'alal-qawmil-kafirin »

Unser Herr! Schenke uns Ausdauer, sichere unseren Halt und hilf uns gegen das ungläubige Volk.

Sure Al-Baqarah - 2:250

Dua #05

رَبَّنَا لَا تُؤَاخِذْنَاۤ اِنْ نَّسِيْنَاۤ اَوْ اَخْطَأْنَاۚ
رَبَّنَا وَلَا تَحْمِلْ عَلَيْنَاۤ اِصْرًا كَمَا حَمَلْتَهٗ عَلَي الَّذِيْنَ
مِنْ قَبْلِنَاۚ رَبَّنَا وَلَا تُحَمِّلْنَا مَا لَا طَاقَةَ لَنَا بِهٖۚ وَاعْفُ عَنَّا
وَاغْفِرْ لَنَا وَارْحَمْنَا

« Rabbanaa Laa Too-Akhid'naa In-Naseenaa
Aw Akht'aanaa Rabbanaa wa Laa Tah'mil
A'laynaaa Is'ran Kamaa Ha'maltahoo A'lal
Lad'eena min Qablinaa Rabbanaa wa Laa
Tuh'ammilnaa Maa Laa T'aaqata Lanaa Bih
Wa'-Fu A'nnaa Waghfirlanaa Warh'amnaa »

Allah belastet niemanden über seinen Rahmen hinaus.
Er bekommt Belohnung für das (Gute), das er verdient
hat, und er wird bestraft für das (Böse), das er
verdient hat. „Unser Herr! Bestrafe uns nicht, wenn wir
vergessen oder uns irren, unser Herr! Lege uns nicht
eine Last auf wie die, die Du denen vor uns auferlegt
hast, unser Herr! Lege uns keine Last auf, die größer
ist, als wir Kraft haben Bär, vergib uns und
schenke uns Vergebung, erbarme dich unser.

Sure Al-Baqarah - 2:286

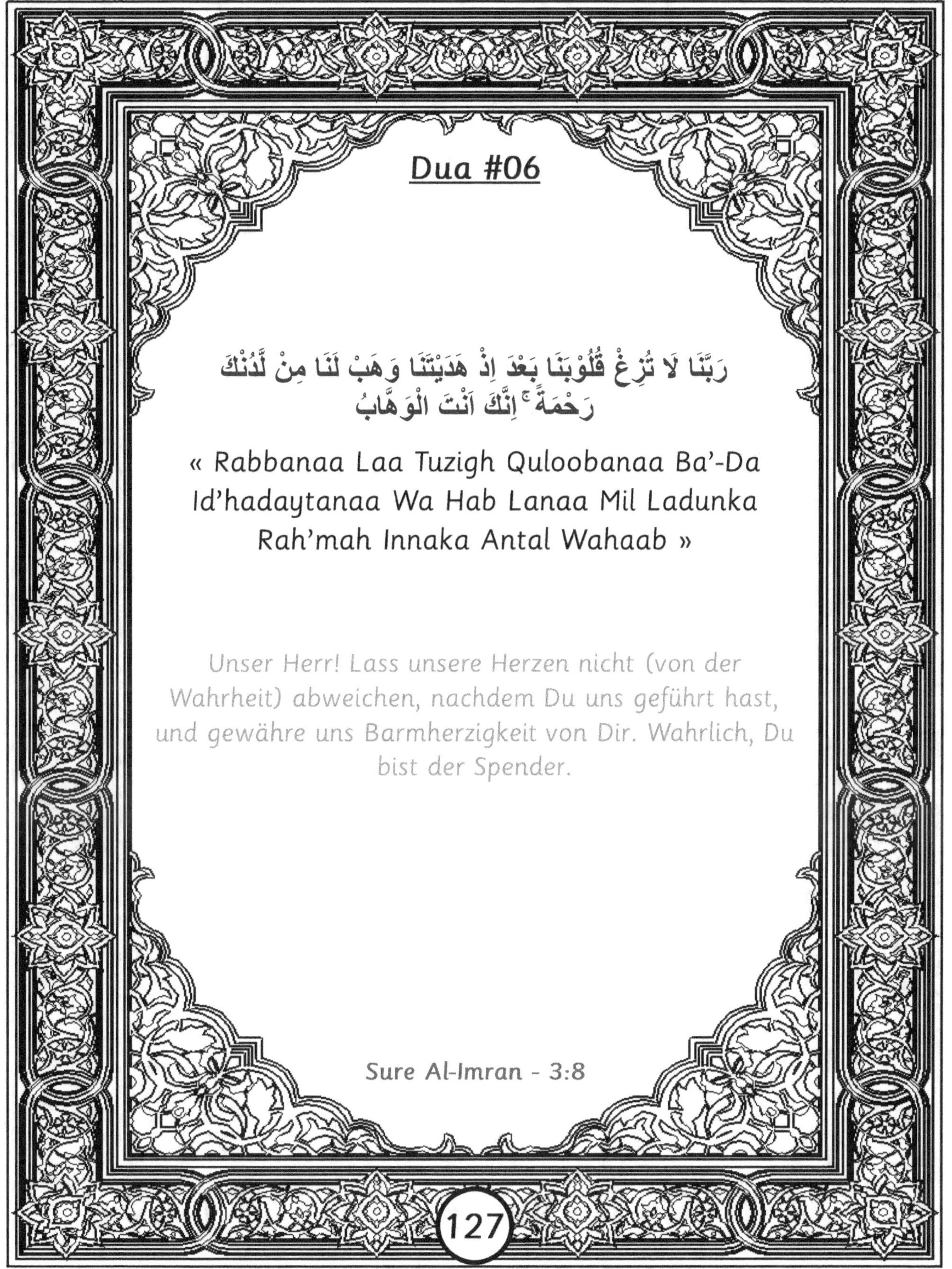

Dua #06

رَبَّنَا لَا تُزِغْ قُلُوبَنَا بَعْدَ إِذْ هَدَيْتَنَا وَهَبْ لَنَا مِنْ لَّدُنْكَ رَحْمَةً ۚ إِنَّكَ اَنْتَ الْوَهَّابُ

« Rabbanaa Laa Tuzigh Quloobanaa Ba'-Da Id'hadaytanaa Wa Hab Lanaa Mil Ladunka Rah'mah Innaka Antal Wahaab »

Unser Herr! Lass unsere Herzen nicht (von der Wahrheit) abweichen, nachdem Du uns geführt hast, und gewähre uns Barmherzigkeit von Dir. Wahrlich, Du bist der Spender.

Sure Al-Imran - 3:8

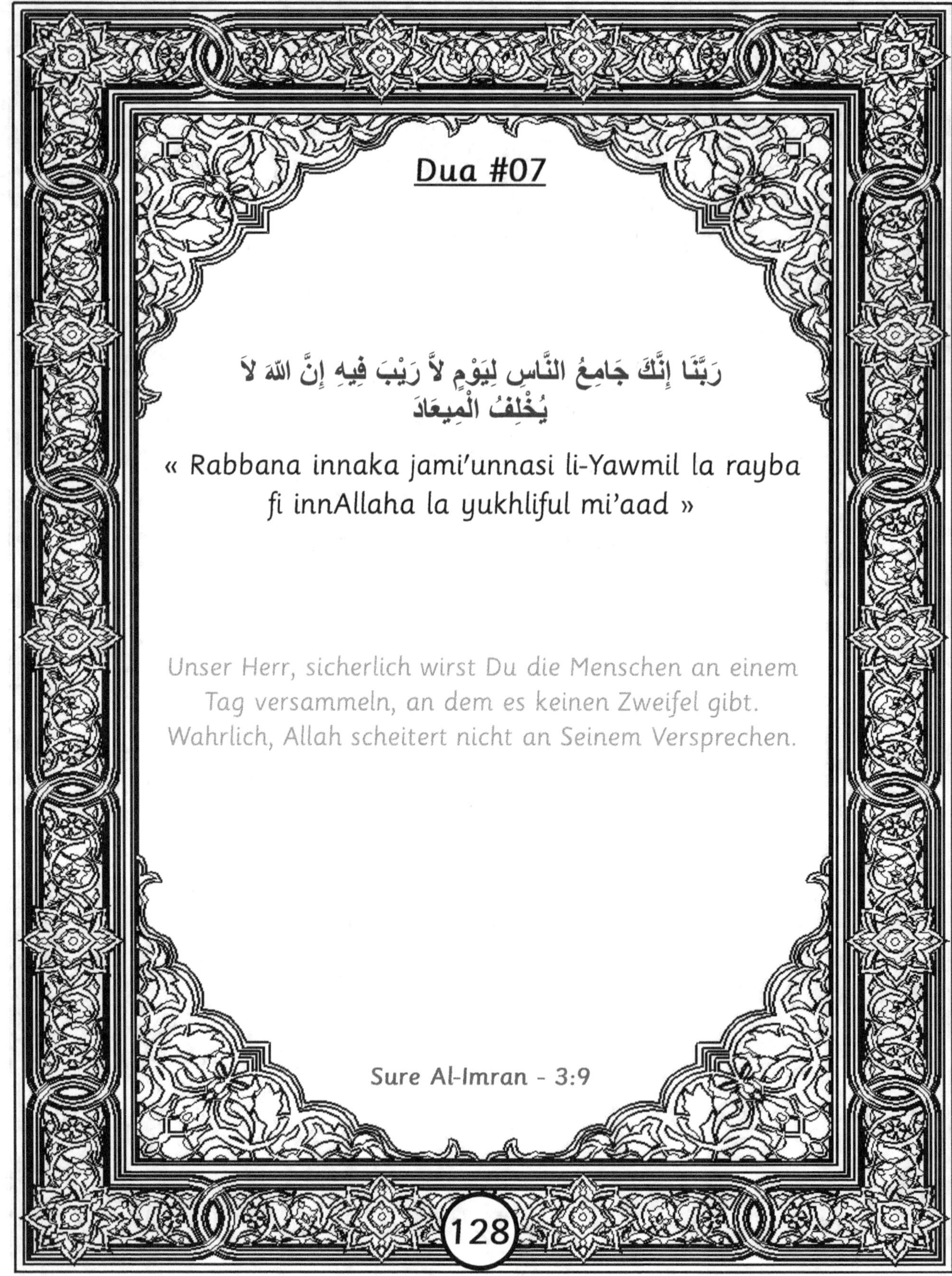
Dua #07

رَبَّنَا إِنَّكَ جَامِعُ النَّاسِ لِيَوْمٍ لاَّ رَيْبَ فِيهِ إِنَّ اللَّه لاَ يُخْلِفُ الْمِيعَادَ

« Rabbana innaka jami'unnasi li-Yawmil la rayba fi innAllaha la yukhliful mi'aad »

Unser Herr, sicherlich wirst Du die Menschen an einem Tag versammeln, an dem es keinen Zweifel gibt. Wahrlich, Allah scheitert nicht an Seinem Versprechen.

Sure Al-Imran - 3:9

128

Dua #08

رَبَّنَآ اِنَّنَآ اٰمَنَّا فَاغْفِرْ لَنَا ذُنُوْبَنَا وَقِنَا عَذَابَ النَّارِ

« Rabbana innana amanna faghfir lana
dhunuubana wa qinna 'adhaban-Naar »

Unser Herr! Wir haben tatsächlich geglaubt, also vergib
uns unsere Sünden und bewahre uns vor der Strafe
des Feuers.

Sure Al-Imran - 3:16

129

Dua #09

رَبَّنَا آمَنَّا بِمَا أَنزَلَتْ وَاتَّبَعْنَا الرَّسُولَ فَاكْتُبْنَا مَعَ الشَّاهِدِينَ

« Rabbana amanna bima anzalta wattaba'na Ar-Rusula fak-tubna ma'ash-Shahideen »

Unser Herr! Wir glauben an das, was Du offenbart hast, und wir folgen dem Gesandten. Dann schreibe uns unter die Zeugen.

Sure Al-Imran - 3:53

Dua #10

رَبَّنَا اغْفِرْ لَنَا ذُنُوْبَنَا وَ اِسْرَافَنَا فِيْ اَمْرِنَا وَثَبِّتْ اَقْدَامَنَا وَانْصُرْنَا عَلَي الْقَوْمِ الْكٰفِرِيْنَ

« Rabbanaghfir lanaa d'unoobanaa wa israafanaa fee amrinaa wa thabbit aqdaamanaa wan s'urnaa a'lal qawmil kaafireen »

Unser Herr! Vergib uns unsere Sünden und unsere Übertretungen (um unsere Pflichten dir gegenüber zu erfüllen), stelle unsere Füße fest und gib uns den Sieg über das ungläubige Volk.

Sure Al-Imran - 3:147

131

- **Salat oder Salah:** Das Gebet des Islam.
- **Rak'ah, Rakah, Rakat, oder Rakaah** ist der Name, der für die Reihe von Bewegungen verwendet wird, die während des Salah-Gebets im Islam ausgeführt werden.
- **Basmala:** ist der islamische Ausdruck "Im Namen Allahs, des Allerbarmers, des Barmherzigen": Der Anfang jeder Sure mit Ausnahme der Sure At-Tawbah, die auch von Muslimen meistens verwendet wird, bevor sie mit "guten Taten" beginnen.
- **Der Koran,** oder Quran ist der zentrale religiöse Text des Islam, der von Muslimen als Offenbarung Allahs angesehen wird.
- **Sure,** oder Sourate ist gleichbedeutend mit der "**Sure**" im Koran.
- ➤ Im Koran gibt es 114 Suren, von denen jede in Verse unterteilt ist. Es gibt einige Suren am Ende dieses Buches.

Weitere arabische oder islamische Arbeitsbücher, Aktivitäten oder Malbücher finden Sie auf unserer Autorenseite: « **MOSLEM MOHDIN** »

www.ingramcontent.com/pod-product-compliance
Lightning Source LLC
Chambersburg PA
CBHW081313150726
48001CB00022B/3029